पंचार्पण सूत्र

happy thoughts...
The Tej Gyan

बड़ों के लिए आध्यात्मिक

पंचतंत्र चालीसा

How to Excel in the Game of Life

सरश्री

40 कहानियों से अब बड़े सीखें जीवन के अमूल्य सबक

बड़ों के लिए
आध्यात्मिक पंचतंत्र चालीसा

by **Sirshree Tejparkhi**

प्रथम आवृत्ति : मई 2025

प्रकाशक : वॉव पब्लिशिंग्ज् प्रा. लि., पुणे

प्रिंटर : ट्रिनिटी अकादमी, फॉर कॉर्पोरेट ट्रेनिंग लि., पुणे

ISBN : 978-93-90132-49-2

© Tejgyan Global Foundation
All Rights Reserved 2025.
Tejgyan Global Foundation is a charitable organization
with its headquarters in Pune, India.

© सर्वाधिकार सुरक्षित

वॉव पब्लिशिंग्ज् प्रा. लि. द्वारा प्रकाशित यह पुस्तक इस शर्त पर विक्रय की जा रही है कि प्रकाशक की लिखित पूर्वानुमति के बिना इसे व्यावसायिक अथवा अन्य किसी भी रूप में उपयोग नहीं किया जा सकता। इसे पुनः प्रकाशित कर बेचा या किराए पर नहीं दिया जा सकता तथा जिल्दबंद या खुले किसी भी अन्य रूप में पाठकों के मध्य इसका परिचालन नहीं किया जा सकता। ये सभी शर्तें पुस्तक के खरीददार पर भी लागू होंगी। इस संदर्भ में सभी प्रकाशनाधिकार सुरक्षित हैं। इस पुस्तक का आंशिक रूप में पुनः प्रकाशन या पुनः प्रकाशनार्थ अपने रिकॉर्ड में सुरक्षित रखने, इसे पुनः प्रस्तुत करने की प्रति अपनाने, इसका अनूदित रूप तैयार करने अथवा इलेक्ट्रॉनिक, मैकेनिकल, फोटोकॉपी और रिकॉर्डिंग आदि किसी भी पद्धति से इसका उपयोग करने हेतु समस्त प्रकाशनाधिकार रखनेवाले अधिकारी तथा पुस्तक के प्रकाशक की पूर्वानुमति लेना अनिवार्य है।

Badon ke Liye
Adhyaatmik Panchatantra Chaalisa

यह पुस्तक समर्पित है,
पंचतंत्र कहानियों के रचयिता
विष्णु शर्मा को, जिन्होंने जानवरों
और मानवों के सहारे
लोगों को नैतिक शिक्षा और जीवन
के महत्वपूर्ण सबक सिखाए।

विषय सूची

इतिहास	कहानियों के पीछे की कहानी ज्ञान का जंगल	9
वर्तमान	प्रारंभ के साथ है, नया युगारंभ	13
खण्ड 1	मौलिकता के मालिक बनें	17
कहानी 1	अदृश्य गाय 'कोई नहीं' का जादू	19
कहानी 2	कौए की मौलिकता कौआ बना अंदर से सफेद	22
कहानी 3	कपटी इंसान बना भालू का शरणार्थी विश्वासवाणी और विश्वासघात मात से सच्चा प्रायश्चित	26
कहानी 4	हिरनी का भरोसा अंतिम क्षण तक रहे बरकरार	30
कहानी 5	हिरन को मिली जादूई छड़ी हाथी का रखवाला महावत	33
कहानी 6	साँप से नफरत की कहानी भावना और दृष्टिकोण रूपांतरण	38
कहानी 7	एक तितली और संघर्ष भरी उड़ान उड़ने की ताकत, आपके संघर्ष से निकलती है	41
कहानी 8	गधे, कुत्ते या बिल्ली की नहीं घोड़े की सोच पर अमल करें	44
कहानी 9	साँप, नेवला और ब्राह्मणी की कहानी कौन जीता, कौन हारा	48

कहानी 10	सूअर का अहम, हाथी का रहम	52
	रहम दिल की सेवा	
कहानी 11	खरगोश का साहस और शेर की मौत	55
	न डरें, न डराएँ	
कहानी 12	कौए से मिली कोयल को सज़ा	59
	हंस ने खोला राज़	
कहानी 13	हँसने-रोनेवाले बकरे की मुक्ति	63
	मनुष्यदेह की मौलिकता	
कहानी 14	शिकारी कुत्ते और सहयोग की भावना से भरी भेड़	67
	प्रेम और सहयोग की भावना का महत्त्व	
कहानी 15	हाथी का साथी कमज़ोर नहीं	70
	विनम्रता का जादू	
कहानी 16	मगरमच्छ के आँसू और बंदर का कलेजा	74
	रिश्तों की नींव मजबूत करें	
कहानी 17	चार घोड़े सिखाए जीवन के सबक	79
	रूपांतरण के लिए तैयार हो जाएँ	
कहानी 18	बूढ़े पक्षी की सीख	83
	अपने उच्चतम लक्ष्य को छोटी इच्छाओं से बचाएँ	
खण्ड 2	**आत्मज्ञान के खोजी बनें**	**89**
कहानी 19	कौए का हृदय परिवर्तन	91
	हंस बनकर आकाश में उड़ने की कला	
कहानी 20	दो चेहरोंवाला अनोखा पक्षी	95
	भक्ति में होता है, असाधारण समर्पण	
कहानी 21	हाथी हो तो ऐसा	98
	विराट असीम अनंत	
कहानी 22	साँप रूपी माया के पेट से बाहर छलाँग लगाएँ	101
	गुरुकृपा के पात्र बन जाएँ	

कहानी 23	हंस चेतना अभिनय क्रोध में करुणा, एक महान कथा	104
कहानी 24	सवाल का जवाब दिया तीन कबूतरों ने The Knower is knowing	107
कहानी 25	मृत चीते की शक्ति एक अधूरी कहानी, आज पूरी पढ़ लें	111
कहानी 26	लोमड़ी नहीं, शेर बनें आराम सीमा से बाहर निकलें	116
कहानी 27	तोता नहीं, चातक बनें कैज़ाद – कैद में भी आज़ाद कैसे रहें	119
कहानी 28	हाथी और लोमड़ी में फर्क राजाओं की सवारी का निर्माण करो, धीरज धरो	123
कहानी 29	खूँखार शेर से कैसे बचे शिकारी चुनाव किसका करें– शहद का या समस्या से छुटकारा पाने का	127
कहानी 30	कछुआ और खरगोश की दौड़ प्रतियोगिता की नई कहानी	131
कहानी 31	शेर के भेस में चूहा एक रूहानी कहानी	136
कहानी 32	आदमखोर शेर और चतुर सियार जागृतिभरे सवालों का जादू	142
कहानी 33	केकड़ा और कुदरत के कार्य करने का अनोखा तरीका निशान मिटाने के पीछे का राज़	147
कहानी 34	तितली का जनम उच्चतम संभावना कैसे खोलें	151
कहानी 35	ऊँटनी और बेटे ऊँट का गहरा वार्तालाप मोक्ष प्राप्ति का लक्ष्य रखें	155

कहानी 36	बिंदास शेर बना शिकारी आप खास हैं	159
कहानी 37	हंस की युक्ति, कौए की मुक्ति ज्ञान के मोती प्राप्त करें	163
कहानी 38	सियार का खोल, सत्य का ढोल सत्य के जीत की गूँज	169
कहानी 39	श्री हाथी का आखिरी रहस्य ग्रेटेस्ट क्रेशचन	173
कहानी 40	शेरू की भक्ति, खंडहर को मंदिर बनाए स्व की पहचान पाकर भक्ति जगाने का रहस्य	179
तेजज्ञान जानकारी		185-188

इतिहास

कहानियों के पीछे की कहानी
ज्ञान का जंगल

'पूत के पाँव पालने में दिख जाते हैं और कपूत के पाँव शिक्षा से सीधे किए जा सकते हैं', इस नई कहावत की सच्चाई दर्शाती है यह कहानी।

दक्षिण भारत के महिलारोप्य नामक राज्य का एक राजा था, अमरशक्ति। वह नीति शास्त्र में बड़ा निपुण था। उसके तीन पुत्र थे- बहुशक्ति, उग्रशक्ति और अनंतशक्ति। परंतु दुर्भाग्यवश उनके नामों जैसे कोई गुण उनमें नहीं थे। वे तीनों मूर्ख थे। जैसे-जैसे वे बड़े हो रहे थे, उनकी मूर्खताएँ भी बढ़ती जा रही थीं।

जब कभी पड़ोसी राज्य के राजा या रिश्तेदार राजा से मिलने आते तो वे राजकुमारों से मिलने की इच्छा जताते। पहले-पहल तो मेहमानों से यह बात छिपा दी जाती थी। परंतु जब कोई राजकुमारों से मिलने हेतु आग्रह करता तो विवशतावश राजा को उनकी बात माननी पड़ती थी। कभी न कभी तो यह बात जग जाहिर होनी ही थी। आखिर कितने दिनों तक लोगों से यह बात छिप सकती थी कि राज्य के तीनों भावी उत्तराधिकारी मूर्ख हैं।

राजा को बड़ी शर्मिंदगी महसूस होती थी, जब मेहमानों के सामने तीनों राजकुमार मूर्खतापूर्ण हरकतें करते थे।

राजा यही सोच-सोचकर परेशान होते रहता कि 'इन तीनों का क्या होगा? भविष्य में यदि ऐसे मूढ़ राजकुमार राज्य का कार्यभार सँभालेंगे तो प्रजा को कितनी मुसीबतें झेलनी पड़ेंगी?' जो राजा अपने राज्य के हित के लिए सोचता है, जिसे अपनी प्रजा से प्रेम है, उसे ऐसे विचार आना स्वाभाविक है।

तीनों राजकुमार जब तक छोटे थे तब तक तो ठीक था। राजा को अब भी यह विश्वास था कि बड़े होते-होते तीनों राजकुमार सब सीख जाएँगे, समझ जाएँगे मगर अब भी राजकुमारों की मूर्खताएँ जारी थीं। दिनों-दिन राजा की चिंता बढ़ती जा रही थी। अब और ज़्यादा इंतजार नहीं किया जा सकता था। तुरंत कोई उपाय ढूँढ़ने के विचार से राजा ने अपने कुछ खास मंत्रियों के सामने अपनी पीड़ा बताई-

'कुछ बच्चे पैदा होते ही मर जाते हैं, वे उन मूर्ख बच्चों से ज़्यादा अच्छे हैं या जो बच्चे पैदा ही नहीं होते वे भी मूर्ख बच्चों से बेहतर हैं। बच्चे बुद्धिमान न भी हों तो कम से कम भक्तिमान होने चाहिए थे यानी उनमें भक्त प्रल्हाद की तरह भक्ति का गुण होता तो भी बेहतर था लेकिन राजकुमारों के साथ वैसा भी नहीं है। कृपया तुरंत इसका कोई हल निकालें।'

मंत्रियों ने सुझाव दिया, 'बच्चों को गुरुकुल भेजना चाहिए। वहाँ उन्हें अर्थशास्त्र, नीति शास्त्र, धर्मशास्त्र आदि विषय सिखाए जाएँगे। परंतु ये सब सीखने में कम से कम १२ वर्ष का समय लग सकता है।'

यह सुनकर राजा ने हताश स्वर में कहा, 'पता नहीं तब तक कैसी स्थिति होगी? मैं जीवित रहूँगा भी या नहीं? और क्या भरोसा, बच्चे कुछ सीख भी पाएँगे या नहीं? यह मेरी चिंता से मुक्ति का उपाय नहीं हो सकता।'

तब सुमति नामक मंत्री ने आगे आकर कहा, 'राजकुमारों को यदि पूरा विस्तार न सिखाकर, केवल सार सिखाया जाए, जो उन्हें एक अच्छा राजा बनने में मदद करे तो संभव है कि वे कम समय में ही सब कुछ सीख जाएँ। जैसे हंस दूध ग्रहण कर, पानी को छोड़ देता है, वैसे ही ज्ञान का सार (निचोड़) बच्चों को मिले तो वही उनके काम आएगा।'

सुमति की बात पर हामी भरते हुए राजा ने कहा, 'बात सुनने में बहुत सही लगती है मगर यह होगा कैसे? यह कौन करेगा?'

सुमति ने बताया, 'मैं ऐसे इंसान को जानता हूँ। उनका नाम है- 'विष्णु शर्मा, जो सारे शास्त्रों के ज्ञाता हैं। वे विद्यार्थियों में बहुत प्रसिद्ध हैं और उनके सिखाने का ढंग भी अनोखा है। वे सभी को विशेष शैली से सिखाते हैं। यदि वे राजकुमारों को सिखाने के लिए मान जाएँ तो आप चिंताओं से मुक्त हो सकते हैं।' इस पर राजा ने तुरंत उन्हें बुलाने का आदेश दिया।

विष्णु शर्मा ने आकर सारी बात सुनी और कहा, 'पहले मैं बच्चों का गहराई से निरीक्षण करना चाहता हूँ।' राजा मान गया।

विष्णु शर्मा ने तीनों राजकुमारों का बड़े ध्यान से निरीक्षण किया। जैसे- वे दिनभर क्या करते हैं, उनका आचरण कैसा है, उनका आपस में और दूसरों के साथ बर्ताव कैसा है? उनका लड़ना-झगड़ना, चीज़ों की तोड़-फोड़ करना आदि।

उनमें से एक राजकुमार के पास अपार शक्ति थी। एक के पास उग्र शक्ति थी, वह स्वभाव से क्रोधी था और एक के पास हुनर की शक्ति थी। अर्थात उनमें से किसी को चित्रकारी में रुचि थी, किसी में पौधों को काटकर उन्हें खूबसूरत बनाने का कौशल था। आश्चर्य की बात यह थी कि बच्चों के नाम भी वैसे ही थे। पहला 'बहुशक्ति', दूसरा 'उग्रशक्ति' और तीसरा था 'अनंतशक्ति'।

विष्णु शर्मा ने राजा अमरशक्ति को बताया, 'मैं राजकुमारों को ज्ञान दे सकता हूँ। छह महीनों में मैं इन्हें तैयार कर दूँगा।' यह सुनकर राजा को बहुत आश्चर्य हुआ और खुशी भी हुई कि इतनी जल्दी परिणाम आ सकता है! राजा ने कहा, 'अगर आप यह कर पाएँ तो हम आपको पुरस्कार के रूप में सौ गाँव देंगे।'

तब विष्णु शर्मा ने कहा, 'मुझे कुछ नहीं चाहिए। बस यह मौका मिला है, इसे मैं चुनौती के रूप में लूँगा। इसके लिए बहुत-बहुत धन्यवाद!'

विष्णु शर्मा ने पुरस्कार लेने के बजाय एक बड़ी चुनौती स्वीकारी। उन्होंने सबके सामने कहा, 'अगर छह महीनों में मैं यह कार्य पूर्ण नहीं कर पाया तो मुझे मृत्युदंड दिया जाए।' यह कहकर उन्होंने बैक ब्रिज तोड़ दी यानी पीछे लौटने का रास्ता तोड़ दिया। अर्थात कार्य पूरा होना ही होना है।

विष्णु शर्मा तीनों राजकुमारों को अपने साथ लेकर गए। परंतु उन्होंने राजकुमारों को सीधे-सीधे ज्ञान देना शुरू नहीं किया। क्योंकि वे जानते थे, उनमें एकाग्रता बिलकुल नहीं है इसलिए सिखाने का तरीका भी दिलचस्प होना चाहिए। अत: उन्हें जो बच्चों को सिखाना था, वह पशु-पक्षियों की कहानियों द्वारा सिखाया गया। उन्होंने ऐसी कहानियाँ गढ़ीं, जिनके संवाद जानवरों से बुलवाए गए। जो विष्णु शर्मा को कहना था, वे ही बातें जानवरों और पक्षियों द्वारा कहलाई गईं।

इस तरह राजकुमार बड़े ध्यान से और रुचि लेकर कहानियाँ सुनते। कहानियों के ज़रिए उनके अंदर शिक्षा भी जाने लगी। वे कहानी के अलग-अलग पात्रों द्वारा सीखने लगे। उनमें सोचने की क्षमता बढ़नी शुरू हुई कि विपरीत परिस्थिति आए तो क्या करना चाहिए, किस घटना में क्या व्यवहार होना चाहिए आदि। इस तरह पशु-पक्षियों, साँप-बिच्छुओं को माध्यम बनाकर विष्णु शर्मा ने रोचक कहानियाँ

गढ़ीं। कहानियों को सुनकर राजकुमार बड़े खुश होते। उनके अंदर कुछ खुलना शुरू हुआ। उनकी बुद्धि विकसित होने लगी।

ये वे ही कहानियाँ थीं, जिनके संकलन से विश्वभर में, अलग-अलग भाषाओं में प्रसिद्ध 'पंचतंत्र' नामक पुस्तकों की कड़ी का निर्माण हुआ।

वास्तव में लोग कहानियाँ पढ़ते हैं मगर उन कहानियों के माध्यम से क्या बताया जा रहा है, यह न जानने की वजह से वे उनका संपूर्ण लाभ नहीं ले पाते। परिणामतः समय के साथ सिर्फ कहानियाँ ही आगे पहुँचती हैं, सीख पीछे छूट जाती है। मगर आज (2025 में) फिर से मौका है, पंचतंत्र पंचार्पण सूत्र* (बड़ों के लिए रची गईं) कहानियों को आध्यात्मिक ज्ञान, समझ और सत्य के साथ उजागर करने का। जिनके पठन से आप अपने सामाजिक, मानसिक, शारीरिक तथा आध्यात्मिक स्तर को ऊँचाइयों पर ले जा सकते हैं।

इस पुस्तक में पिरोई गई चालीस कहानियों में केवल मनोरंजन ही नहीं है बल्कि इनमें जीवन के गहरे रहस्य खोलनेवाले संदेश भी हैं। इनके माध्यम से आप सामाजिक एवं आध्यात्मिक जीवन के गूढ़ इशारे समझते हुए, अंतिम सत्य के द्वार तक पहुँच पाएँगे।

तो चलिए, इन अनोखी आध्यात्मिक और नीति कथाओं द्वारा अपना और संपूर्ण समाज का स्वरूप नीतिबद्ध करते हैं। हर एक व्यक्तित्व को सच्चाई से खिलने-खुलने में निमित्त बनते हैं। इस खास जंगल के सफर के लिए आपको साहस और शुभेच्छा।

...सरश्री

**२००० साल से भी पहले 'पंचतंत्र' नामक पुस्तक के ज़रिए बच्चों और किशोरों के लिए 'सिस्टम फॉर वैल्यूज' यानी नैतिक मूल्य प्रणाली प्रकाश में आई।*

आज २०२५ साल में 'पंचतंत्र पंचार्पण' नामक पुस्तक के ज़रिए बड़ों के लिए 'सिस्टम फॉर विज़डम' यानी संपूर्ण ज्ञान प्रणाली प्रकाश में आई।

पंचार्पण का अर्थ है, पाँच बातों का अर्पण- १. भजन २. आभार ३. झीनी-झीनी बेदाग चदरिया (पवित्र मन) ४. ईमानदारी के साथ आत्ममंथन ५. स्व में स्थिरता (स्वस्थ शरीर) ।

वर्तमान

प्रारंभ के साथ है, नया युगारंभ

किसी लक्ष्य को पाने के लिए, जब नियमों के मुताबिक कार्य करनेवाली कोई प्रणाली बनती है तब उसे सिस्टम कहते हैं। ऐसी सिस्टम केवल किसी संस्था, व्यवस्था या योजना से ही नहीं बल्कि किसी पुस्तक के माध्यम से भी कार्यरत हो सकती है। ऐसे ही तकरीबन २००० साल से भी पहले कहानियों की पुस्तक द्वारा एक अनोखी सिस्टम बनी थी। जिसका उद्देश्य था बच्चों के अंदर सच्ची नैतिकता विकसित करना। यह सिस्टम बहुत ही सफल साबित हुई। उसका लाभ आज २१वीं सदी में भी अलग-अलग भाषाओं में विश्वभर से लिया जा रहा है। जिसे सन २०२४ में संयुक्त राष्ट्र शैक्षणिक, वैज्ञानिक और सांस्कृतिक संगठन (युनेस्को) ने भारत की समृद्ध साहित्यिक और सांस्कृतिक विरासत का प्रमाण कहकर सम्मानित किया। आप आश्चर्यचकित होंगे कि यह कौन सी पुस्तक की बात हो रही है। यह है 'पंचतंत्र'।

आपने पंचतंत्र का नाम और उसकी कहानियाँ अवश्य पढ़ी या सुनी होंगी। पाँच खण्डों से बनी इस पुस्तक का आविष्कार कैसे हुआ, इसके बारे में आप प्रस्तावना में पढ़ चुके हैं। परंतु आपके हाथ में आई इस पुस्तक में बड़ों के लिए पंचतंत्र थीम पर आधारित कुछ नई, कुछ पुरानी कहानियाँ संशोधित रूप में, नई और लुप्त समझ के साथ और आज की ज़रूरत अनुसार प्रस्तुत की गई हैं। जिसमें विशेषतः बड़ों के लिए जीवन के बोध और नीतिशास्त्र बताए गए हैं। ये कहानियाँ जीवन के सबक तो सिखाती ही हैं, दूसरी ओर पाठकों की उम्र और आकलन शक्ति अनुसार ज़्यादा गहरे अर्थ समझाकर, नए-नए रहस्य खोलने में भी सक्षम हैं।

जैसे उस जमाने में बच्चों के लिए 'पंचतंत्र' अथवा 'सिस्टम फॉर वैल्यूज़' (जीवन मूल्य प्रणाली) का निर्माण हुआ, वैसे ही आज के समय के लिए यह 'पंचार्पण सूत्र' यानी 'सिस्टम फॉर ग्रेट विजडम' (ज्ञानानुभव प्रणाली) की रचना हुई है। या यूँ कहें, जानवरों की अनोखी कहानियों को इस कदर संस्कारित किया गया है कि सभी उम्र के लोगों (परिवार) के लिए यह पुस्तक एक प्रभावी तंत्र बना है, जिसके माध्यम से बड़ों के लिए जीवन के सभी स्तरों पर उन्नति पाने के कई रहस्य खोले गए हैं।

आज के युग में मोबाइल, इंटरनेट, विज्ञापन आदि ने बच्चों से लेकर बड़ों को अपना गुलाम बना दिया है। ऐसे में यह पुस्तक वरदान बनकर आपके पास आई है, जिससे उच्चतम विकास कर पाना सहज बनेगा।

इंसान की वैचारिक तथा भावनात्मक शक्तियों को खोलने के लिए कहानियों की तरकीब दुनिया के हर देश, भाषा में इस्तेमाल होती आई है। परंतु समय के साथ सिर्फ कहानियाँ बचती हैं, उनका मूल्य और मुख्य उद्देश्य लुप्त हो जाता है। इसलिए नई परिभाषा में आया यह **'आध्यात्मिक पंचतंत्र'** नए युग का संकेत दे रहा है। तो क्यों न इसका लाभ लेकर नवयुग के साक्षी एवं सदस्य बनें!

प्राथमिक स्वरूप में विष्णु शर्मा द्वारा रचित पंचतंत्र पुस्तक को पाँच खण्डों* में विभाजित किया गया था।

इन्हीं खण्डों को आज की आधुनिक भाषा में यदि नए नामों से, उनके अर्थोंसहित संबोधित किया जाए तो वे होंगे-

१. हाउ टू विन फ्रेंड्स (मित्रों को कैसे जीता जाए) : दोस्त कब बनते हैं, दोस्तों में मनमुटाव क्यों होता है, जब दोस्त-दोस्त न रहें तब क्या करना चाहिए, अपने दोस्त का दिल कैसे जीतें आदि।

२. हाउ टू मेंटेन ओल्ड एंड वीक फ्रेंड्स (पुराने तथा कमज़ोर मित्रों से मजबूत रिश्ता कैसे बनाएँ) : दोस्तों से मजबूत रिश्ता बनाना क्यों ज़रूरी है, कमज़ोर दोस्त भी कैसे समय पर काम आते हैं, किसी भी दोस्त को कमजोर अथवा छोटा क्यों न समझें आदि।

३. हाउ टू विन ओवर एनिमीज़ (दुश्मन पर जीत कैसे हासिल करें) : दुश्मन को जीतने का सबसे प्रभावी तरीका है उसे दोस्त बनाना, वह क्यों और कैसे आदि।

४. वैल्यूज़ ऑफ ट्रू लीडर (सच्ची नेता नीति कैसे सीखें) : सच्ची नेता-नीति क्या है, सच्चाई की राह पर चलकर सफल नेता कैसे बनें।

५. द ट्रू वैल्यूज़ ऑफ लाइफ (व्यावहारिक जीवन की सच्ची नीति क्या है) : सच्ची नीति को व्यावहारिक जीवन में कैसे उतारें और नीतिवान (सदाचारी इंसान) बनकर सफलता कैसे हासिल करें।

नीतिमान जीवन जीने के लिए विभिन्न अंगों से परिपूर्ण यह पुस्तक हमें समृद्ध और सफल बनाने में सक्षम है। कहानियों में बताए गए प्राणी जंगल में रहकर कौन सा चुनाव करते हैं, कैसे व्यवहार करते हैं, यह जानते-जानते सबक सीखने का यह बड़ा ही रोचक तरीका है।

अर्थात यह पुस्तक निश्चित ही युगों-युगों तक अपना प्रभाव साबित करनेवाली है। तो चलिए, इस शुभारंभ के साथ कहानियों की ओर बढ़ते हैं।

---

*१. मित्रभेद (मित्रों में मनमुटाव एवं अलगाव)

२. मित्रलाभ (मित्र प्राप्ति एवं उसके लाभ)

३. काकोलूकीयम (कौवे एवं उल्लू की कथा)

४. लब्धप्रणाशम (हाथ लगी चीज़ (लब्ध) का हाथ से निकल जाना (हानि)

५. अपरिक्षितकारकम (बुरी तरह से सोचा-समझा जानेवाला कार्य)

खण्ड 1
मौलिकता के मालिक बनें

पहला

अदृश्य गाय

'कोई नहीं' का जादू

किसी गाँव में एक अमीर इंसान रहता था। मरते वक्त उसने अपनी वसीयत में सारी संपत्ति अपने तीनों बेटों में समान बाँट दी थी। सिर्फ अपनी गायों का बँटवारा कुछ अलग तरीके से किया था। उसने अपनी आधी गाएँ छोटे बेटे को, एक चौथाई हिस्सा गाएँ मंझले बेटे को और गायों का छठवाँ हिस्सा बड़े बेटे को दिया था। मगर गायों के बँटवारे में बड़ी समस्या खड़ी हो गई क्योंकि कुल ग्यारह गाएँ थीं। अब ग्यारह गायों का आधा हिस्सा कैसे होगा? सभी इसी सोच में पड़ गए।

बहुत सोच-विचार करने पर भी समस्या का हल नहीं मिला। आखिर में गाँव के मुखिया को बुलाया गया, जो समझदार बुजुर्ग था। उसने इतनी बड़ी समस्या को तुरंत सुलझा लिया।

सबसे पहले मुखिया ने अपनी गाय, जिसका नाम 'कोई नहीं' था, को अपने घर से ले आने के लिए कहा और

अमीर की ग्यारह गायों को अपनी एक गाय जोड़कर, कुल बारह गाएँ बना लीं। फिर उसने इन बारह गायों को इस तरह बाँटा :

छोटे बेटे को उसने बारह गायों का आधा हिस्सा यानी ६ गायें दीं।

मंझले बेटे को बची हुई गायों में से ३ गायें यानी बारह का चौथा हिस्सा दिया।

बड़े बेटे को बची हुई गायों में से २ गायें यानी बारह का छठवाँ हिस्सा दिया।

इस तरह बड़ी समझदारी से ग्यारह गायों का छह, तीन और दो (6+3+2=11) में विभाजन करके, मुखिया ने इस बड़ी लगनेवाली समस्या को सूझ-बूझ से सुलझा दिया और अपनी गाय 'कोई नहीं' लेकर वापस चला गया। यह सुलझन 'कोई नहीं' के कारण आसान हो गई।

अकसर इंसान के जीवन में भी कई बार ऐसी समस्याएँ आती हैं, जो बहुत बड़ी और कठिन लगती हैं। मगर यदि हम समस्या सुलझाने का स्मार्ट तरीका ढूँढ़ निकालें तो बड़ी से बड़ी लगनेवाली समस्या भी आसानी से सुलझ सकती है। परंतु ऐसा स्मार्ट तरीका दिमाग में आने के लिए कुछ समय रुकने की ज़रूरत होती है। बार-बार उसी समस्या के बारे में सोचकर मस्तिष्क नया उपाय लाने में असमर्थ होता है। यदि हम बिना किसी अनुमान के, कुछ समय मौन में रह पाएँ, मन को शांत कर, आँखें बंद करके बैठ पाएँ तो समस्या सुलझने का असरदार उपाय जल्द ही मिल सकता है।

इस 'कुछ नहीं' वाले समय में ही हमें बिना अनुमान इंतजार करना होता है। वरना अनुमान लगानेवाले विचारों के साथ, यह समय परेशानी में व्यतीत करना पड़ सकता है इसलिए कुछ समय के लिए रुकना आवश्यक है।

असल में खाली समय के दौरान हम अपने हृदय (तेजस्थान) से जुड़ते हैं और हमें नई आइडियाज़ आनी शुरू होती हैं। इन आइडियाज़ को हेड से हार्ट तक आने देना महत्वपूर्ण पड़ाव है, जिससे समस्याएँ सुलझने में आसानी होती है। वरना जल्दबाजी में आइडिया को हेड (दिमाग) से हार्ट (हृदय) तक पहुँचने में रुकावट आती है। कभी-कभी निर्णय जल्दी में नहीं बल्कि अंतराल में रुकने के बाद लेने से सही साबित होते हैं। यह अंतराल का समय 'कुछ नहीं' है। मगर यह 'कुछ नहीं' ही सब कुछ है। जैसे मुखिया की 'कोई नहीं' गाय ने रोल निभाया, वैसे ही 'कुछ नहीं' वाला समय भी काम करता है।

इस कहानी में एक और पहलू पर गौर करें, जो संघ का महत्त्व दर्शाता है।

पुराने समय में गाँव के प्रमुख को मिलाकर, पाँच लोगों का संघ हुआ करता था। भले ही पाँचों की चेतना अलग हो मगर किसी एक का तो अपने हृदय से जुड़ना हो ही जाता था। जिससे नई आइडिया प्रकट होने में मदद मिलती थी। अलग-अलग

लोगों की चेतना, अलग-अलग घटनाओं और समय में भिन्न होती है। ऐसे में संघ का बड़ा महत्त्व है। इसलिए सत्संग यानी सत्य की राह पर चलनेवाले लोगों का संघ भी पंचमुखियों की पद्धति जैसे कार्य करता है। यदि संघ में कोई एक भी अपने हृदय (तेजस्थान) से जुड़ जाए तो समस्या का समाधान मिलना आसान होता है।

सभी हेड में रहेंगे तो झगड़े और संघर्ष की संभावना बनी रहती है। मगर एक भी हृदय से जुड़ा हो तो धीरे-धीरे सभी सुलझन से जुड़ पाते हैं। कहने का अर्थ एक भी सदस्य शुद्ध उपस्थिति रखता है यानी प्रेम, आनंद, मौन से समस्या को देखता है तो समस्या अपने आप सुलझ जाती है। जैसे मुखिया की 'कोई नहीं' गाय ने सिर्फ उपस्थित रहकर, समस्या सुलझा दी थी। बस! ऐसी उपस्थिति की कला हमें सीखनी है। फिर पृथ्वी की सारी समस्याएँ सुलझने लग जाएँगी। ऐसी शुद्धतम उपस्थिति के लिए आपको शुभकामनाएँ।

तात्पर्य : समस्या कितनी भी बड़ी क्यों न हो, सही समय पर, सही उपस्थिति में रुकने से सुलझती है।

'कोई नहीं' की समझ यह सिखाती है कि किसी भी समस्या का हल मौन में छिपा हो सकता है। जब हम कोई नहीं के साथ मिलकर इस शांति को महसूस करते हैं तो समाधान आसानी से मिल जाता है।

मुखिया का चरित्र दर्शाता है कि सही समय पर रुककर, सही कदम उठाना और शांति से निर्णय लेना सफलता की कुंजी है।

वह एक आदर्श इंसान है, जो अपने अनुभव, दूरदर्शिता और बुद्धिमानी से समस्याओं को सुलझाता है। साथ ही दूसरों को भी शांति और सोच-समझकर समाधान ढूँढ़ने की प्रेरणा देता है।

अपना मत दर्शाएँ :

- क्या आपने कभी किसी बड़ी समस्या का हल शांति से बैठकर निकाला है? अगर 'हाँ' तो वह कौन सी समस्या थी और आपने उसे कैसे हल किया?
- जब आप किसी समस्या का सामना करते हैं तो क्या आप तुरंत प्रतिक्रिया करते हैं या कुछ समय रुककर सोचते हैं? क्यों?
- समस्या कितनी भी बड़ी क्यों न हो, सही समय पर रुकने से सुलझती है– इस विचार से आप कितने सहमत हैं? इसे अपने जीवन के साथ जोड़कर मनन करें।

दूसरा

कौए की मौलिकता

कौआ बना अंदर से सफेद

अकसर हम कोई कहानी सुनते अथवा पढ़ते हैं और कुछ दिन बाद भूल भी जाते हैं। मगर हर कहानी पर गहरा मनन होना ज़रूरी है ताकि उसका पूरा लाभ मिले। असल में कहानी सिर्फ कहानी नहीं होती बल्कि उसमें गहरे इशारे छिपे होते हैं। और जहाँ अध्यात्म को समझने की बात आती है, वहाँ तो शब्दों के बीच छिपे अर्थ को अदृश्य से निकालकर सामने लाया जाता है। इसलिए कहानी को अच्छी तरह समझना आवश्यक है। उसी में कहानी की सफलता है। आइए, एक ऐसी ही सच्चाई को निर्देशित करनेवाली कहानी का लाभ लेते हैं।

एक कौआ अपने काले रंग को देखकर दुःखी था। जब उसने बतख को देखा तब उसके मनमोहक सफेद रंग को देखकर डिप्रेशन में चला गया। कौए ने अपने काले रंग की तुलना बतख की सफेदी के साथ करने की भूल कर दी। एक दिन कौए ने बतख से बात की तो पता चला कि बतख अंदर से दुःखी है। उसने कौए को बताया कि 'मेरा तो एक ही रंग है, तोते को देखो उसमें मुझसे ज्यादा रंग हैं।'

हम भी कई बार ऐसे ही छोटे-मोटे कारणों से दुःखी हो जाते हैं। सबसे पहली गलती यह होती है कि हम किसी के बाहरी रूप को देखकर, उसकी आंतरिक अवस्था की कल्पना कर लेते हैं। जैसे कौए ने बतख को देखकर कल्पना की थी।

दूसरी गलती यह कि हम सामनेवाले से खुलकर बात नहीं करते, अपनी भावना प्रकट नहीं करते मगर कौए ने यह गलती नहीं की। उसने बतख से जाकर बात की। इतना ही नहीं, जब उसे पता चला कि सफेद और सुंदर होने के बावजूद बतख दुःखी है

और वह तोते के रंग को देखकर लालायित है तो कौआ तोते से भी बात करता है। तब उसे आश्चर्य होता है, यह जानकर कि तोता भी खुश नहीं है। तोता कौए से कहता है, 'मेरे तो दो ही रंग हैं, मोर को देखो, वह कितना सुंदर है, उसके पंख कितने रंग-बिरंगे हैं, उसे चिड़ियाघर में देखने के लिए कितनी भीड़ इकट्ठी होती है।'

तोते का दुःख सुनने के बाद कौआ मोर के पास पहुँचता है। परंतु इतना सुंदर दिखनेवाला मोर भी अंदर से दुःखी है। मोर कौए को बताता है, 'हाँ, मुझे इतने लोग देखते हैं मगर मैं भी सभी पक्षियों की तरह पिंजरे में कैद हूँ। एक तुम्हें छोड़कर, बाकी सभी पशु-पक्षियों को पिंजरे में कैद करके रखा जाता है। इसलिए सोचता हूँ, काश मैं कौआ होता तो मैं भी आकाश में आज़ादी से उड़ान भरता रहता।' मोर की बात सुनकर कौए को आश्चर्य होता है कि कोई उसके जैसा भी बनना चाहता है। यह सुनकर कौआ अंदर से सफेद बन गया। अर्थात उसकी आंतरिक अवस्था बदल गई क्योंकि उसे अपनी मौलिकता का एहसास हुआ।

अब आपके लिए सवाल है- सभी पक्षियों की व्यथा और कौए का हृदय परिवर्तन (आंतरिक रूप सफेद) होना, इसे जानकर आपको कैसा लगा?

यहाँ पर और एक महत्वपूर्ण बात यह है कि पक्षियों ने अपने दिल की बात ईमानदारी से बताई तो कौए को असलियत पता चली। मगर जब हम इंसानों की बात करते हैं, क्या सच में हमें सही-सही जवाब मिलता है? क्या आपने ऐसे सर्वेक्षण किए हैं? ऐसे सर्वेक्षण होने चाहिए। यह सबको पता होना चाहिए कि इंसान का दिल कब जलता है और दिमाग कब चलता है। इस बात पर अवश्य मनन करना चाहिए कि क्या बाहरी रूप से आतंरिक अवस्था की कल्पना करना सही है? क्या हमें अपनी मौलिकता का एहसास होता है? कभी गरीब इंसान को अमीर से पूछना चाहिए कि क्या सच में आप खुश हैं? हकीकत यह है कि अगर अमीर अपने दिल

का हाल सच्चाई और ईमानदारी से बयान करे तो बहुत कुछ बदल जाएगा। मगर ऐसे होता नहीं!

साधारण इंसान अमीरों की बाहरी चमक-दमक को देखकर, उनकी खुशी की कल्पना कर बैठता है। क्या दिल की बात को लिपस्टिक के साथ तोलना सही है? अर्थात ऐसी तुलना और कल्पना से दुःखी रहने में न कोई लॉजिक (तर्क) है, न ही कुछ कॉमन सेन्स (अकल)! ईश्वर ने किसी पेड़ के पत्तों को भी एक समान नहीं बनाया है। पक्षियों की क्या बात है और इंसान की तो बात हो ही नहीं सकती। क्योंकि इंसान ईश्वर की वह निर्मिति है, जिसमें उसने खुद के अनंत गुणों को डाला है। हर इंसान की अपनी खासियत है, मौलिकता है। कुदरत ने हर एक के अंदर कुछ विशेष गुण डाल दिए हैं, जो उसकी मौलिकता है। और हमारा यह विशेष गुण भला इस दुनिया में हमसे बेहतर और कौन जान सकता है! इसलिए हमें अपनी मौलिकता को पहचानना ज़रूरी है। भले ही आजीविका लक्ष्य को पूर्ण करने हेतु हमें तनख्वाह के लिए काम करना पड़े मगर अपनी मौलिकता को प्रकाश में लाने के लिए भी ज़रूर कार्य करना चाहिए।

इसे हम प्लॅन- ए यानी आजीविका लक्ष्य और प्लॅन-ओ यानी ओरिजिनैलिटी (मौलिकता) प्रकट करने का लक्ष्य, ऐसे भी समझ सकते हैं।

इंसान को अपने प्लैन-ए को सेट करके धीरे-धीरे प्लॅन-ओ पर फोकस करने की आवश्यकता है। अर्थात अपने मौलिक गुण कौन से हैं, यह पहचानने के लिए और फिर उन गुणों को खिल-खुलकर प्रकट करने के लिए समय देना ज़रूरी है। हमें हररोज का काम करते-करते ही एक दिन पता चलेगा कि 'अच्छा! यह काम करने से मुझे अंदर की खुशी मिलती है, मतलब यह मेरा विशेष गुण है।' फिर हम उस काम में निपुण बनकर अपनी मौलिकता पर चार चाँद लगा सकते हैं। अर्थात हमें न ही किसी के बाहरी रूप को देखकर तुलना में फँसना है, न दूसरों को देखकर अपनी खुशी तय करनी है। क्योंकि कौए की कहानी से अब हम समझ चुके हैं, बाहर से सुंदर और खुश दिखनेवाला भी अंदर से दुःखी रह सकता है। इसलिए तुलना करके सुख-दुःख का पैमाना तय करना बिलकुल ही गलत है।

अज्ञान में इंसान तोलूमन (तुलना-तोलना करनेवाले मन) के कारण अपने वरदान को भी अभिशाप बनाने की गलती कर सकता है। जैसे कोई आध्यात्मिक उन्नति करने हेतु नियमित सत्संग (सत्य का श्रवण तथा संग) करता है। माया की दुनिया में भी स्वयं को शुद्धतम चैतन्य तक ले जाने के लिए कार्य करने लगता है

और अचानक किसी दिन माया में फँसे इंसान को देखकर, खुद की उससे तुलना कर बैठता है। ऐसा हो जाए तो तुरंत मनन करके खुद को याद दिलाना है कि 'मुझे तोलना नहीं बल्कि अपनी मौलिकता को खोलना है।' भला कभी घोड़ों और गधों की भी तुलना हो सकती है? नहीं न! फिर दुःख और तुलना से बाहर आकर अपने परम आनंद में स्थिर रहने का अभ्यास करना ही सर्वोत्तम है। ऐसी सफेदी (आंतरिक शुद्धता) को आप अंदर-बाहर से प्राप्त करें, यही शुभेच्छा!

तात्पर्य : कुदरत ने हम में कुछ मौलिक गुण डाले हैं, जिन्हें पहचानकर हमें खिलने-खुलने देना है ताकि हम परम आनंद की अवस्था में स्थापित हो जाएँ।

हर जीव के पास अपनी स्थिति और कहानी है, हमें बस समझने की ज़रूरत है कि हम खुद को किस नज़रिए से देखते हैं।

अपना मत दर्शाएँ :

- कौआ अंत में क्यों संतुष्ट हुआ और कैसे अपनी मौलिकता को समझ पाया? यह कदम हमारे जीवन में कैसे मदद कर सकता है?
- क्या यह कहानी हमारी सोच को बदलने की आवश्यकता को दर्शाती है?
- इस कहानी में आंतरिक खुशी और बाहरी रूप के बीच के अंतर को कैसे देखा गया है?
- क्या हमने अपनी मौलिकता पहचानी है?

तीसरा

कपटी इंसान बना भालू का शरणार्थी

विश्वासवाणी और विश्वासघात मात से सच्चा प्रायश्चित

एक इंसान के पीछे शेर पड़ा इसलिए वह भागते-भागते एक पेड़ पर चढ़ गया। पेड़ पर उसका हाथ सोए हुए भालू के पाँव पर पड़ने के कारण वह नींद से जाग गया। अब इंसान मुश्किल में पड़ गया। उसकी हालत ज़्यादा खराब हो गई क्योंकि नीचे भूखा शेर और ऊपर जंगली भालू था।

तभी भालू ने इंसान से कहा, 'तुमने मेरे पाँव को छुआ है। तुम मेरी शरण आए हो इसलिए अब सुरक्षित हो। तुम पेड़ पर इत्मीनान से बैठे रहो।' यह सुनकर इंसान की जान में जान आ गई। वह पेड़ पर एक सुरक्षित स्थान देखकर बैठ गया। नीचे खड़ा शेर इंसान के नीचे उतरने का इंतज़ार करता रहा। काफी समय बीत गया। तब शेर ने भालू से कहा, 'ऐसा करो तुम इंसान को धक्का दे दो। उसमें तुम्हारा भी हिस्सा होगा, हम मिलकर इंसान को आधा-आधा खाएँगे।' मगर भालू ने कहा, 'यह असंभव है क्योंकि इंसान मेरी शरण में आया है। तुम यहाँ से चले जाओ।'

जैसे कुछ लोग अपने सिद्धांतों पर आखिरी दम तक डटे रहते हैं, वैसे ही भालू भी विपरीत परिस्थितियों में अपने सिद्धांतों पर डटा रहा। वरना अज्ञान या

विपत्ति में लोग सिद्धातों को तोड़ देते हैं। जैसे कोई कहता है, 'किसी ने मुझे एक हज़ार रुपए घूस दी तो मैंने नहीं ली। उसने दस हज़ार रुपए देने चाहे फिर भी मैंने ना कर दिया। मगर जब एक लाख रुपए देने चाहे तब मैंने लेने की सोची।' मतलब कुछ लोगों के सिद्धांत परिस्थिति एवं लालचवश बदलते हैं। जैसा उनका विश्वास होता है, वैसे वे निर्णय लेते हैं।

परंतु भालू ने शेर की बात नहीं मानी। फिर भी शेर पेड़ के नीचे बैठा रहा। जैसे-जैसे रात बढ़ने लगी दोनों (भालू और इंसान) थककर सो गए। बीच में ही इंसान ने आँखें खोलकर देखा कि शेर है या जा चुका है।

'भालू तो नहीं माना, अब इंसान को लालच देकर देखते हैं', यह सोचकर शेर ने इंसान से कहा, 'ऐसा करो, तुम भालू को धक्का मारो क्योंकि वह नींद में है। वह नीचे गिर जाएगा तो मैं उसे पकड़कर खा लूँगा और चला जाऊँगा। इससे तुम बच जाओगे वरना मैं तुम्हें छोड़नेवाला नहीं हूँ।' शेर की आइडिया काम कर गई। इंसान ने सोचा, 'भालू को धक्का देने का विकल्प अच्छा है।'

यह पढ़कर आपको पलभर के लिए लगा होगा कि 'उस इंसान को ऐसा नहीं करना चाहिए।' मगर अज्ञान जो करवाए कम है। अकसर हम ऐसे गलत निर्णय लेते हैं। कभी-कभी डर के मारे, खुद को मजबूर समझकर भी निर्णय लिए जाते हैं। हमें लगता है कि संघर्ष या छल-कपट करके ही जीया जा सकता है। मगर असलियत यह नहीं है। कुदरत हर समस्या को सुलझा रही है। हमें सिर्फ उसके साथ तालमेल में रहकर, इंतज़ार करने की कला सीखनी है। कुदरत से हमारा तालमेल होते ही सब कुछ अपने आप सुलझने लगता है। हमें न संघर्ष करने की आवश्यकता है, न ही छल-कपट। परंतु धीरज के अभाव में हम कुछ गलत कर बैठते हैं। जैसे कहानी में उस शरणार्थी इंसान ने किया। उसने भालू को धक्का दे दिया। मगर भालू ने गिरते-गिरते पेड़ की एक टहनी पकड़ ली और वह बच गया।

भालू बच गया, यह देखकर इंसान की हालत और बिगड़ गई। उसे लगा, 'अब तो भालू मुझे मार डालेगा, अब माफी मिलना मुश्किल है।' परंतु सिद्धांतों पर चलनेवाले भालू ने उससे कहा, 'घबराओं नहीं। तुम मेरे शरणार्थी हो, मैं तुम्हे एक और मौका देता हूँ।' इस तरह रात बीत गई।

सुबह होते ही शेर को नया शिकार दिखा तो वह उसके पीछे चला गया। फिर इंसान पेड़ से नीचे उतर आया। भालू से विदा लेते समय उसने कृतज्ञता से कहा, 'आपने मुझे सुरक्षित रखा इसलिए धन्यवाद। परंतु मैं अपराधबोध के तले दब गया

हूँ।' इस पर भालू ने कहा, 'अगर अपराधबोध से मुक्त होकर सच्चा प्रायश्चित करना चाहते हो तो दो बातें करो। **पहली बात-** मनुष्य जाति में जाकर रहो मगर वहाँ कोई तुमसे विश्वासघात करे तब भी तुम विश्वास करना मत छोड़ना।

दूसरी बात- तुम अपनी कहानी मनुष्य जाति में सुनाओ। ईमानदारी से यह बताओ कि कैसे तुम्हें विश्वासघात के बावजूद भी बचाया गया। ताकि यह घटना मनुष्य जाति में विश्वास प्रकट होने के लिए निमित्त बन जाए।' भालू का उद्देश्य बिलकुल स्पष्ट था- वह अपने शरणार्थी को अपराधबोध से मुक्त कराना चाहता था।

भालू की बातें सुनकर उस इंसान की आँखें खुल गईं। अपराधबोध से मुक्त होकर, उसने अपना पूरा जीवन विश्वास के साथ बिताया।

इस कहानी पर हमें भी मनन करना चाहिए। कहीं हम भी कोई अपराधबोध लेकर तो नहीं जी रहे हैं? अगर 'हाँ' तो क्या हम सच्चा प्रायश्चित करना चाहते हैं? आमतौर पर हम खुद की गलती बताने में झिझकते हैं। विश्वासवाणी और विश्वासमात यानी अविश्वास पर जीत हासिल करने के सिद्धांतों पर हम टिकते नहीं। किसी ने हमारे साथ विश्वासघात किया, यह सोचकर हम भी विश्वास करना छोड़ देते हैं। कह भी देते हैं कि 'फलाँ-फलाँ ने ऐसा किया तब से मैंने विश्वास करना छोड़ दिया है।' फिर वही गलती, चालाकी, छल-कपट करके हम संसार में फँसते जाते हैं।

खुद से यह जागृति का सवाल करके देखें- 'कहीं मैं कोई गलती दोहरा तो नहीं रहा हूँ? कुदरत हरेक को मौका देती है। क्या मैं जागकर सच्चा प्रायश्चित करने के लिए तैयार हूँ?' अगर हाँ तो आइए, आज से विश्वास से जीना शुरू करें। जैसे कहानी में इंसान ने भालू को दिए गए वचनानुसार विश्वास को अपने जीवन में फलित किया और सारी ज़िंदगी विश्वास से बिताई, वैसे ही हम भी संकल्प करें। इसी में हमारा और संपूर्ण मनुष्य जाति का कल्याण है।

आइए, हम भी भालू के बताए तरीके अपनाकर, आज से ही खुद की गलती को निमित्त बनाएँ, दूसरों के जीवन में विश्वास लाने के लिए कार्य करें। कुदरत ने हमें मनुष्य बनाकर जो विश्वास प्रकट किया है, उस पर खरा उतरें। कुदरत के विश्वास की कद्र करके एक-दूसरे के लिए प्रेरणा बनें। कभी हालातवश ऐसे करना असंभव लगे तो सामनेवाले से बातचीत करके परिस्थिति को सुलझा लें ताकि हम कुदरत के तालमेल में आ जाएँ। आपके जीवन में ऐसा अटूट विश्वास प्रकट हो, यह कुदरत से प्रार्थना है।

तात्पर्य : अपने सिद्धांतों पर कायम रहने के लिए जरूरी है कि हम उनके प्रति प्रतिबद्ध रहें और हमेशा अपनी आंतरिक आवाज़ को सुनें।

भालू की तरह जीवन के हर मोड़ पर अपने उसूलों के प्रति ईमानदारी और सच्चाई को प्राथमिकता दें ताकि हम अपनी पहचान और आत्मसम्मान को कायम रख सकें।

अपना मत दर्शाएँ :

- क्या हम किसी अपराधबोध में जी रहे हैं?
- क्या हम कोई गलती बार-बार दोहरा रहे हैं?
- क्या हम सच्चा प्रायश्चित करना चाहते हैं?
- क्या बिना छल-कपट कुदरत के साथ तालमेल रखकर जीने में हमारा विश्वास है?
- क्या हम अविश्वास पर जीत प्राप्त करने के लिए तैयार हैं?

चौथा

हिरनी का भरोसा

अंतिम क्षण तक रहे बरकरार

एक गर्भवती हिरनी जंगल में अपने बच्चे को जन्म देने के लिए उपयुक्त स्थान खोज रही थी। उसने देखा कि जिस घास पर वह अपने बच्चे को जन्म देने जा रही थी, वहाँ बिजली गिरने से आग लग चुकी है। चूँकि बच्चे को जन्म देने का समय नज़दीक आ चुका था और उसके शरीर में पीड़ा बढ़ती जा रही थी।

उसने देखा कि एक तरफ लगी हुई आग उसके नज़दीक पहुँच रही है, दूसरी तरफ एक शिकारी उसे मारने के लिए अपना तीर निशाने पर लगाए हुए है और तीसरी दिशा में एक शेर आकर रुका है। हिरनी जीवन की सबसे कठिन परीक्षा का सामना कर रही थी। इन हालातों में हिरनी ने महसूस किया कि हर तरफ से मृत्यु उसकी ओर बढ़ रही है और अब उसके लिए करने योग्य कुछ भी बचा नहीं था। सिर्फ एक ही कार्य बचा था, प्रार्थना करना। उसने दिल से प्रार्थना की, 'मैं ईश्वर की दौलत हूँ इसलिए कोई भी नकारात्मक शक्ति मुझे छू नहीं सकती (आय एम डियर ऑफ गॉड, नो फियर और ईविल कैन टच मी... I am dear of God, No fear or evil can TOUCH me)। उतने में बिजली गिरी और सब कुछ चमत्कारिक रूप से बदल गया।

चूँकि बिजली शिकारी के बाजू में आ गिरी, जिससे उसका निशाना चूक गया। तीर जाकर शेर को लगा और वह मर गया। अचानक नज़दीक बिजली गिरने के कारण शिकारी भी डरकर भाग गया। पलभर में रूहानी हवाएँ चलने लग गईं, बारिश शुरू हो गई और आग भी बुझ गई।

इस कहानी पर मनन करने से हमें प्रार्थना और विश्वास की ताकत का पता चलता है।

कभी-कभी घटनाएँ इतनी भयानक दिखाई देती हैं कि 'अब तो कुछ भी संभव नहीं' ऐसा प्रतीत होता है। मगर ऐसे समय पर उम्मीद, विश्वास, प्रार्थना और हैपी हैट (खुशी की अवस्था) द्वारा कुदरत के साथ ट्यूनिंग बनाए रखना महत्वपूर्ण है।

जब हम उम्मीद नहीं खोते और आखिरी क्षण तक प्रार्थना करते रहते हैं तब चमत्कार होते हैं। अर्थात कुदरत आश्चर्यजनक तरीके से हमारी सहायता करती है। असल में भक्ति की शक्ति से हम अंतिम पल तक विश्वास बरकरार रख पाते हैं। जब करने योग्य कोई कर्म नहीं बचता तब आंतरिक कर्म करना महत्वपूर्ण साबित होता है। देखा जाए तो इंसान को बाहरी कर्म के साथ-साथ, अपनी सही उपस्थिति और प्रार्थना द्वारा कुदरत के साथ तालमेल बनाकर रखना आवश्यक होता है। यही उसका आंतरिक और संपूर्ण कर्म है। कुदरत के साथ ट्यूनिंग होते ही बाहर सब कुछ अपने आप सुलझने लगता है। इसी आश्चर्य को शब्दों में बयान किया गया है, **'ईश्वर पर भरोसा, अपने आप परोसा'**।

तात्पर्य : भक्ति की शक्ति से अंतिम क्षण तक विश्वास बरकरार रखना है ताकि हम हर हाल में कुदरत के साथ ट्यूनिंग बनाकर, सब कुछ सहजता से सुलझते हुए देख पाएँ।

जब हम अपने कर्म और विश्वास से सही दिशा में चलते हैं तो प्रकृति और अदृश्य शक्तियाँ हमारी मदद करती हैं, विश्वास और आस्था कठिन समय में मार्गदर्शन प्रदान कर सकते हैं।

कभी-कभी जीवन में कठिन हालात आते हैं लेकिन अगर हम उम्मीद और साहस बनाए रखते हैं तो हर समस्या का समाधान निकल सकता है।

यह कहानी सिखाती है कि प्रकृति की शक्तियों का सामना करने के दौरान भी हमें धैर्य और संतुलन बनाए रखना चाहिए।

अपना मत दर्शाएँ :

- क्या आपने एक ही समय पर प्रेम और डर को महसूस किया है ?
- 'मैं ईश्वर की दौलत हूँ' इस पर आपका कितना विश्वास है ? १ से लेकर १० तक आप स्वयं को कहाँ पर पाते हैं ? (१ यानी बहुत कम, १० यानी ज्यादा)
- क्या आप भक्ति की शक्ति से प्रार्थना और विश्वास की ताकत पाना चाहते हैं ?
- क्या आपने कभी अनुभव किया है कि आखिरी पल में परिस्थिति बदल जाती है ?
- क्या आप सही उपस्थिति से समस्या को सुलझते हुए देखने की कला सीख चुके हैं ?

पाँचवाँ

हिरन को मिली जादूई छड़ी

हाथी का रखवाला महावत

किसी जंगल में एक हिरन ने कुछ ऐसा खा लिया, जिससे उसके शरीर में ज़हर फैल गया। परिणामत: उसका शरीर कमज़ोर हो गया, उसे चलने-फिरने और अपने बच्चों के लिए खाना लाने में तकलीफ होने लग गई। वह परेशान हो गई कि अब स्वयं को कैसे सँभाले और बच्चों की देखभाल कैसे करे? ज़हर के परिणाम से वह चलते-चलते बीच में ही गिर जाती। बच्चों की देखभाल करने में उसे कठिनाई महसूस हो रही थी।

इसी परेशानी में वह उदास बैठी थी तभी वहाँ से एक हाथी गुज़र रहा था। उसने देखा कि हमेशा उत्साह में रहनेवाली, कुलांचे भरनेवाली हिरन आज उदास और दु:खी बैठी है। हाथी ने उसके नज़दीक जाकर पूछा, 'तुम्हें क्या हुआ है?' जवाब में हिरन ने बताया कि गलत खाने की वजह से उसके शरीर में कुछ ऐसा गया है, जिससे उसे तकलीफ हो रही है।

हिरन की पूरी बात सुनकर हाथी ने कहा, 'ठीक है! मगर अब तुम वही करना, जो मैं करता हूँ। मुझे मेरे मालिक ने कुछ बातें बताई हैं, तुम भी उनका पालन करो।' हिरन को हाथी की हमदर्दी से थोड़ा सुकून महसूस हुआ। उसने पूछा, 'तुम्हारे मालिक ने क्या बताया?' तब हाथी ने अपनी आपबीती सुनाई। उसने कहा, 'छोटी उम्र से मुझे एक महावत ने पाला था। उसने शुरुआत में ही मेरे शरीर पर कुछ लिख दिया था। तुम इसे नहीं पढ़ पाओगी क्योंकि यह इंसानी भाषा है। मगर महावत ने मेरे शरीर पर जो लिखा है, वे बातें वह मुझे लोरी में सुनाता था, आज तुम भी सुनो– **हाँ थी, हाँ है, हाँ होगी, फील थैंकफुल।'**

महावत ने बचपन से मुझे ईश्वर को धन्यवाद देना सिखाया। वह हमेशा खुशहाल, ज़िंदादिल और आनंदित रहता था। उसके जीवन में कोई नकारात्मक घटना होती तब भी उसके चेहरे का तेज, खुशी कभी कम नहीं होती थी। वह हमेशा कहता था, '**हर चीज़ के लिए धन्यवाद दो, जो मिला है उसके लिए और जो नहीं मिला है उसके लिए भी।** कोई है जो हर पल हमें देख रहा है; कोई है जो हमारी ज़रूरत के अनुसार हमें दे रहा है, उसे स्वीकार करो, धन्यवाद दो।'

जब महावत बूढ़ा हुआ तब मैं बड़ा हुआ। महावत स्वयं को इंसान बनाने के लिए हमेशा ईश्वर को धन्यवाद देता रहता था। साथ ही मुझे भी सिखाता था कि जानवर बनाने के बावजूद मैं ईश्वर को धन्यवाद दूँ।

इंसान होने की वजह से मालिक का शरीर मुझसे छोटा था। फिर उनकी उम्र बढ़ती गई मगर शरीर छोटा ही रहा और मेरा शरीर बहुत बड़ा हो गया। इस पर भी मालिक ने जीवनभर मुझे यही सिखाया कि '**तुम्हारा शरीर बड़ा है और मेरा शरीर छोटा, इसके लिए धन्यवाद। कुछ कार्य तुम कर सकते हो, मैं नहीं कर सकता, इसके लिए धन्यवाद। कुछ कार्य मैं कर सकता हूँ, तुम नहीं कर सकते, इसके लिए भी धन्यवाद। धन्यवाद... धन्यवाद... धन्यवाद...'**

ये बातें कहकर मालिक ने मुझे बड़ा किया। जब मालिक की मृत्यु का समय आया तब उसने कहा, 'अब तुम जंगल चले जाओ। इसके आगे तुम्हें जंगल में आज़ाद और आनंदित जीवन जीना है।' मालिक की उस आखिरी आज्ञा अनुसार अब मैं जंगल में आनंदित जीवन जी रहा हूँ और अपने मालिक की बातों पर आज भी अमल करता हूँ। मैं रोज़ आनंद में मगन होकर, धन्यवाद के भाव में जंगल में घूमता हूँ।

मेरी तरह तुम भी इस क्षण जो तुम्हारे पास है, उसके लिए धन्यवाद देना शुरू करो। तुम्हारे पास इस वक्त बच्चे हैं, उसके लिए धन्यवाद दो। तुम अभी भी उठ सकती हो, चल सकती हो, इसके लिए धन्यवाद दो। भले ही तुम बीच-बीच में गिरती हो, फिर भी उठकर चलने के लिए धन्यवाद दो। तुम्हारे पैरों के लिए धन्यवाद

आध्यात्मिक पंचतंत्र चालीसा - 34

दो। अब मैं जा रहा हूँ। जब मैं वापस लौटूँगा तब तुमसे बातचीत करूँगा।' कहकर हाथी आगे निकल गया।

कुछ दिनों बाद जब हाथी उसी रास्ते से गुज़र रहा था तब देखा कि वहाँ का माहौल पूरा बदल चुका है। हिरन अपने बच्चों से साथ बड़ी खुशी से जीवन जी रही है। उसके साथ कई और हिरन जुड़ चुके थे, उनका एक बड़ा संघ बन गया था। संघ के सभी सदस्य आस-पास घूमते हुए बड़ी-बड़ी छलाँगें लगा रहे थे। उस बीमार हिरन में अब गजब का उत्साह और साहस आया था। यह देख हाथी ने हिरन से आश्चर्य से पूछा, 'अरे वाह! तुम तो बहुत खुश नज़र आ रही हो। यह चमत्कार कैसे हो गया?'

हिरन ने बड़ी उत्सुकता से हाथी को अपनी कहानी बताई, 'जिस दिन तुमने धन्यवाद देने का महत्त्व समझाया, उस समय से मेरे अंदर कुछ हलचल होने लगी। उसी क्षण से रात तक मैं कई बार 'धन्यवाद... धन्यवाद...' दोहराती रही और उसी भाव में सो गई। दूसरे दिन सुबह जब उठी तब लगा कि मेरे अंदर कुछ हील (ठीक) हो रहा है, सकारात्मक परिवर्तन आ रहा है। मुझे महसूस हुआ कि धन्यवाद देने से मेरे पूरे शरीर में खुशी की भावना फैल गई है और उसी खुशी ने कुछ हील किया है। जिस वजह से मेरा धन्यवाद देने में और विश्वास बढ़ गया। फिर मैंने धन्यवाद देना जारी रखा।

दूसरे दिन जब मैं बच्चों के खाने-पीने की व्यवस्था करने जा रही थी तब चलते-चलते अचानक गिर गई। उस वक्त पहली बार मेरे अंदर विचार आया, 'गिराने के लिए धन्यवाद।' यह कहने से मेरी चेतना जाग गई और मैं तुरंत उठकर खड़ी हो गई। फिर आगे बढ़कर मैं अपने बच्चों के लिए खाना लेकर आई। इस अनुभव के बाद लगा जैसे मुझे 'धन्यवाद' की जादूई छड़ी मिल गई है। ऐसा महसूस हुआ कि अब जीवन में जो भी घटना हो, मुझे सिर्फ धन्यवाद ही देने हैं। तब से मैं हर घटना और वातावरण को धन्यवाद देने लग गई। मानो, हर बार मैं अपनी जादूई छड़ी घुमा रही हूँ।

इस तरह धन्यवाद देने का सिलसिला जारी रहा। उसी यात्रा में कई और हिरन यहाँ आए। उनसे मुझे मदद मिलने लग गई। खुशी और एहसानमंदी की भावना से धीरे-धीरे मेरा शरीर स्वस्थ होता गया और हमारा संघ भी बढ़ता गया। आज तुम देख सकते हो कि मैं पूरी तरह स्वस्थ हो गई हूँ और सभी के साथ 'धन्यवाद' रूपी जादू की छड़ी घुमा रही हूँ। मुझे यह जादू की छड़ी देने के लिए तुम्हारा तहेदिल से धन्यवाद!'

कहानी में हाथी ने धन्यवाद देने का महत्त्व समझाया। इंसान को भी अपने मन को धन्यवाद की भावना से भर देना चाहिए। जब मन नकारात्मक भावनाओं से भर जाता है या कहें बंद हो जाता है तब शरीर पर बीमारी, थकावट और काम के बोझ का असर दिखने लगता है। इस बंद मन को खोलने की चाभी है- धन्यवाद! जिससे मन में खुशी की भावना प्रकट होती है। इस खुशी की भावना में इंसान के नकारात्मक विचारों और भावनाओं को हील करने की क्षमता है। जब कृतज्ञता का भाव जगता है तब इंसान सहजता से आनंदित महसूस करता है और उसके दुःख-दर्द हील होने लगते हैं। हर रात जब आप एहसानमंदी की भावना से सोएँगे तो सुबह उठकर पाएँगे कि आपके अंदर कुछ हील हो गया है, जिससे आपको आंतरिक रूप से अच्छा लगेगा।

शुरुआत में धन्यवाद देना आपको मिकैनिकल लग सकता है। ऐसा विचार भी आ सकता है कि 'बार-बार धन्यवाद देने की क्या आवश्यकता है?' इस सवाल के बावजूद आपको धन्यवाद देना जारी रखना है। लगातार धन्यवाद देने से ही कृतज्ञता की भावना जागृत होगी। आज आप जिस अवस्था में हैं, वहाँ से आगे बढ़ने के लिए, चेतना का स्तर बढ़ाने के लिए, सबसे सरल लेकिन शक्तिशाली उपाय है- धन्यवाद देते रहना।

जो आपकी इच्छा अनुसार हो, उसके लिए धन्यवाद दो। आपकी इच्छा अनुसार न हो तो भी उसके लिए ईश्वर को धन्यवाद दो क्योंकि जो भी हुआ है वह ईश्वर की मर्ज़ी से हुआ है और अभी रहस्य खुलना बाकी भी है।

जब आपमें वाकई कृतज्ञता की भावना जगेगी तब आप आंतरिक रूप से निश्चिंत हो जाएँगे कि जो चाहिए, वह सहजता से प्रकट होनेवाला है। अत: जीवन में दिक्कतें, समस्याएँ, चिंताएँ और बीमारियों के बावजूद धन्यवाद देना सीखें ताकि आपकी चेतना बढ़े और आप आनंद की ऊँचाइयों को छू पाएँ।

तात्पर्य : खुद को धन्यवाद भावना से इस कदर भरें कि जीवन सदा के लिए खुल जाए और धन्यवाद के गीत गाते-गाते सहजता से हम मोक्ष को प्राप्त हो जाएँ।

आभार एक शक्तिशाली उपचार है। कठिन समय में भी आभार व्यक्त करने से मानसिक और शारीरिक रूप से सकारात्मक परिवर्तन और स्वस्थता प्राप्त की जा सकती है।

कठिनाइयों पर ध्यान देने की बजाय वर्तमान में जो कुछ भी है, उसकी सराहना करने से शांति और बल मिलता है, जिससे समस्याओं का सामना किया जा सकता है।

छोटे आभार से बड़े बदलाव आते हैं। अतः जीवन की छोटी-छोटी बातों के लिए भी आभार व्यक्त करें।

आभार की आदत हमें नकारात्मकता से सकारात्मकता की ओर ले जाती है। अतः जीवन की चुनौतियों को आभार के साथ अपनाएँ। कठिनाइयों का सामना करने की बजाय, आभार के साथ उन्हें स्वीकार करने से व्यक्तिगत विकास और दृढ़ता प्राप्त होती है।

अपना मत दर्शाएँ :

- क्या हमें पता है कि हम किस चीज़ से खुलते अथवा बंद होते हैं?
- हर बीमारी का इलाज हमारे अंदर है, क्या इस पर आप भरोसा रखते हैं?
- धन्यवाद शब्द एक जादू की छड़ी जैसे कार्य करता है, क्या आपने इसका अनुभव किया है?

छठा

साँप से नफरत की कहानी

भावना और दृष्टिकोण रूपांतरण

खेत में काम करनेवाला एक किसान साँपों से बहुत नफरत करता था। साँप दिखते ही उसे मार डालता था। एक बार उसके साथ एक घटना घटी। खेत की साफ-सफाई करने के उद्देश्य से वह टोकरे में घास उठाकर खेत की दूसरी ओर थोड़ी दूरी पर फेंक रहा था। उसने टोकरे में घास रख दी और साफ-सफाई करने लगा, तभी एक साँप टोकरे में जा बैठा। उस इंसान को पता ही नहीं चला, वह टोकरा सिर पर लिए घास डालने आगे बढ़ा।

तभी सामने से दूसरा किसान आया, जिसे टोकरे में बैठा साँप दिखाई दिया। परंतु वह जानता था कि यह किसान साँप से बहुत डरता है। इसलिए उसने कुछ नहीं कहा। बस! अपनी जेब से बीड़ी निकालकर उस किसान से पूछा, 'तुम्हारे पास माचिस है क्या?' तब उस किसान ने टोकरा सिर से नीचे रख दिया और अपनी जेब से माचिस निकालकर देने लगा।

फिर दूसरे किसान ने टोकरे की तरफ इशारा करते हुए कहा,

'मुझे माचिस नहीं चाहिए थी। देखो टोकरे में क्या है?' तब पहले किसान की नज़र टोकरे में बैठे साँप पर गई और वह चौंक गया। परंतु उस क्षण और एक महत्वपूर्ण बात घटी और तुरंत उस किसान की भावना रूपांतरित हुई। कुछ इस तरह उसका हृदय परिवर्तन हुआ कि साँपों के प्रति उसकी नफरत ही खत्म हो गई। उसके बाद उसने किसी भी साँप को नुकसान नहीं पहुँचाया।

आप सोच रहे होंगे, 'आखिर उस घटना में ऐसा क्या हुआ, जिससे उस किसान का हृदय परिवर्तन हुआ?' दरअसल, उसने घटना में कुछ खास देखा। अकसर हमें वही दिखता है, जो हम सोचते हैं। जिस चीज़ को हम महत्त्व देते हैं, उसी को महसूस करते हैं। बचपन में हुई परवरिश के आधार पर हमारी भावदशा बनती है और उसी अनुसार हम घटनाओं को देखते हैं।

ठीक वैसे ही उस कहानी में पहले किसान ने देखा। जब उससे यह पूछा गया कि 'तुम्हारी साँपों के प्रति नफरत कैसे नष्ट हुई?' तो उसने बताया, 'मैं हमेशा साँपों को मारता था। टोकरे में बैठा साँप चाहता तो मुझे बड़ी आसानी से डस सकता था। फिर भी उसने नहीं डसा और मैं ख्वाहमख्वाह आज तक साँपों से नफरत करता था।' सोचने का यह नज़रिया बहुत ही महत्वपूर्ण है। वरना कोई यह सोचकर उलझ सकता है कि 'इसमें ऐसा क्या विशेष हुआ, जिससे नफरत मिट गई?'

अर्थात घटना को सही नज़रिए से देखने पर विचारों में, जीवन में परिवर्तन आता है। अन्यथा घटनाएँ उलझाती रहती हैं। आइए, इस पर मनन करते हैं।

साँप को किसानों का मित्र कहा जाता है, उसके बावजूद केवल नफरत के कारण खेत में काम करनेवाले उस किसान ने कई साँपों को मार डाला। उसी तरह देखें कि

* डर और नफरत में कहीं हम भी अपने मित्रों को स्वयं से दूर तो नहीं कर रहे हैं?
* शुभचिंतकों से रिश्ता तो नहीं तोड़ रहे हैं?
* बचपन में अपने अंदर बनी मान्यता को कहीं आज तक तो नहीं सँभाल रहे हैं?
* परवरिश के दौरान संस्कारित विचारों को कहीं आज भी लेकर तो नहीं चल रहे हैं?
* सामनेवाले को उसके दुश्मन की खबर अनुचित तरीके से देकर, नफरत का ज़हर तो नहीं घोल रहे हैं?

ये सारे सवाल आपसे सच्चा जवाब चाहते हैं। इन पर ईमानदारी से मनन-मंथन करके, अंतर्मन की छान-बीन करनी है ताकि डर और नफरत जड़ से मिट जाएँ और कुदरत के साथ हमारा ताल-मेल बन पाए।

जी हाँ, कुदरत से ट्यूनिंग होने पर सही दिशा में जीवन आगे बढ़ता है। वरना कुदरत को घटना के द्वारा इशारा देना पड़ता है। कुदरत के इशारे पर सकारात्मक या नकारात्मक घटित होता है। सब कुछ करानेवाली कुदरत है, बाकी सब निमित्त हैं। एक साँप भी जब तक हम उसके साथ अनुचित व्यवहार नहीं करते तब तक वह हमें नहीं काटता। फिर भला कुदरत हमें दुःखद घटना क्यों देगी? हमें ही अपने ताल-मेल पर कार्य करने के लिए उसे संकेत देना पड़ता है। यह कहानी भी कुदरत से ताल-मेल बनाने का एक गहरा संकेत है।

तात्पर्य : हर इंसान को पुरानी मान्यताओं से नहीं बल्कि नई दृष्टि से देखना चाहिए तथा घटनाओं पर मनन करना चाहिए ताकि डर एवं नफरत मिट जाए और कुदरत से हमारा ताल-मेल बन पाए।

बिना किसी वास्तविक कारण के यदि किसी से नफरत करें तो सबसे पहले सही जानकारी हासिल करें ताकि हमारे दृष्टिकोण में बदलाव आ जाए।

समझदारी और सहानुभूति से, किसी को उसकी गलती गिनाने की बजाय, उसे सही रास्ता दिखाना चाहिए, जिससे उसका दृष्टिकोण बदले।

कई बार हम चीजों को बिना समझे नकारात्मक तरीके से देख लेते हैं परंतु सत्य जानने से हमारा नज़रिया बदल सकता है।

अपना मत दर्शाएँ :

- क्या आज भी आप किसी से बहुत नफरत करते हैं?
- घटनाओं को आप मान्यताओं की दृष्टि से देखते हैं या समझ की?
- आप रिश्तों में नफरत का ज़हर घोलते हैं या फिर हर रिश्ते को प्रेम और शांति से निभाते हैं?
- क्या मनन द्वारा आप खुद की भावदशा बदलते हैं?
- आपने इस कहानी से क्या-क्या सीखा?

सातवाँ

एक तितली और संघर्ष भरी उड़ान

उड़ने की ताकत, आपके संघर्ष से निकलती है

एक लड़का बगीचे में टहलने गया था। वहाँ पर उसकी नज़र एक तितली के खोल (ककून) पर पड़ी, जिससे बाहर आने के लिए कैटरपिलर (कीड़ा) अंदर से होल (सुराख) बना रहा था। उस लड़के ने ककून के नज़दीक जाकर बारीकी से देखा तो पता चला कि उस खोल में होल बनाने के लिए कैटरपिलर बहुत मेहनत कर रहा है। बाहर आने के लिए अपनी सारी ताकत लगा रहा है। यह देखकर उस लड़के को दया आई। वह सोचने लगा, 'मुझे इसकी मदद करनी चाहिए।' फिर वह तुरंत कुछ छोटे-छोटे, पतले से हथियार लेकर आया और कैटरपिलर को हानि पहुँचाए बिना, सावधानी बरतते हुए धीरे-धीरे ककून के खोल को बड़ा करने लगा। जैसे ही होल बड़ा हुआ, कैटरपिलर खोल से बाहर निकल आया।

वह लड़का इस विचार से बहुत खुश हुआ कि उसने कैटरपिलर को बिना चोट पहुँचाए, आसानी से बाहर निकलने में मदद की। परंतु कुछ समय पश्चात उसने देखा कि वह कैटरपिलर उड़ ही नहीं पा रहा है और बाद में भी कभी उड़ नहीं पाया! आखिर ऐसा क्यों हुआ? क्या उस लड़के के प्रेम में, कर्तव्य में, दया में या मदद में कोई कमी रह गई थी?

बिलकुल नहीं! कैटरपिलर उड़ नहीं पाया क्योंकि उसके पंखों में आवश्यक बल का निर्माण ही नहीं हो पाया था। दरअसल, ककून उसके लिए जिम अर्थात व्यायामशाला का रोल निभा रहा था। जिसे तोड़ने के प्रयास से उसके पंखों में बल बढ़नेवाला था। हर प्रहार के साथ उसकी धमनियों, स्नायुतंत्र एवं पंखों में

ऊर्जा प्रवाहित होनी आवश्यक थी। परंतु संघर्ष करते समय शरीर में जो विकास होना आवश्यक था, वह तो हुआ ही नहीं। अनजाने में उसके जिम को तोड़ा गया। इसलिए वह उड़ने में असमर्थ रहा और जीवनभर कभी उड़ नहीं पाया।

असल में कुदरत द्वारा बनाया गया खोल रूपी बंधन, उस ककून की आज़ादी के लिए ज़रूरी था। खोल को मेहनत से तोड़ने में ही उसकी भलाई थी, न कि शॉर्टकट से तोड़ने में।

ठीक वैसे ही हम भी कहीं गैरज़रूरी बंधनों को तोड़ने की मेहनत से बच तो नहीं रहे हैं? अपनी आराम सीमा (कम्फर्ट ज़ोन) में रहने की चाहत में कहीं हम खुद को कमज़ोर तो नहीं बना रहे हैं? जीवन के संघर्ष को हम किस दृष्टिकोण से देख रहे हैं? आज तक जो भी संघर्ष किया है, उससे हमारा कौन सा विकास हुआ है? क्या अतीत में हुए संघर्ष के लिए आज धन्यवाद उठते हैं? इन सवालों पर गहराई से मनन किया जाए तो कठिनाइयों को देखने का सकारात्मक दृष्टिकोण तैयार होगा। चूँकि कुदरत जो भी परोसती है, वह हमारी ज़रूरत अनुसार ही होता है। सब कुछ सही चल रहा है- **जो हुआ, जो हो रहा है और जो होगा, वह बिलकुल सही है।** मतलब सही या गलत साबित होना, हमारे दृष्टिकोण पर निर्भर होता है।

यहाँ एक और महत्वपूर्ण बात पर गौर करना ज़रूरी है कि सामनेवाले को कठिनाइयों से गुज़रते देख, अनावश्यक मदद पहुँचाने की बजाय हमें अपने दृष्टिकोण को बदलना है। सामनेवाला भी संघर्ष करके मजबूत बन रहा है, यह दृष्टिकोण रखना है। कुदरती प्रक्रिया में बाधा नहीं डालनी है बल्कि उससे हो रहे चमत्कारिक विकास को देखना है।

उदाहरणार्थ, आज-कल माता-पिता अपने बच्चे की स्कूल बैग, वॉटर बॉटल आदि भरकर देते हैं मगर इससे बच्चा अनुशासित और आत्मनिर्भर नहीं बन पाता। फिर बड़ा होने पर जब उसमें अनुशासन नहीं दिखता तब माता-पिता पछताते हैं कि 'हमारी अनावश्यक गतिविधियों के कारण बच्चा छोटी-छोटी बातों के लिए भी दूसरों

पर निर्भर रहता है।' इतना ही नहीं, जब उसके जीवन में चुनौतियाँ आती हैं तब वह अपनी आराम सीमा में रहना पसंद करता है। इस तरह इंसान के विकास में बाधाएँ बढ़ती जाती हैं। अनावश्यक मदद के कारण आनेवाली कमज़ोरी और कमज़ोरी के कारण फिर से मदद पाने की चाहत, यह दुष्चक्र आत्मबल को बढ़ने नहीं देता। इसे रोकने के लिए सही समय पर, सही दृष्टिकोण से, सही कदम उठाना ज़रूरी है। कुदरत ने इंसान के संपूर्ण विकास के लिए जो योजना बनाई है, उसे समझना ज़रूरी है ताकि हम अपने उच्चतम लक्ष्य तक पहुँच पाएँ। अर्थात बंधनों से आज़ाद होकर आसमान में उड़ पाएँ।

तात्पर्य : सही समय पर, सही दृष्टिकोण से, सही कदम उठाना महत्वपूर्ण है ताकि हर घटना एवं संघर्ष में हमारा आत्मबल बढ़कर हमें आज़ाद होने में मदद मिले।

किसी की मदद करना अच्छा है लेकिन यह ध्यान रखना भी ज़रूरी है कि हमारी मदद से उसे कोई और नुकसान न हो। अनजाने में किए गए काम से कभी-कभी नुकसान हो सकता है।

जीवन में प्राकृतिक प्रक्रियाओं को समझकर ही सही मदद दी जा सकती है। हर जीव की अपनी विकास यात्रा होती है और किसी भी प्रक्रिया में हस्तक्षेप करने से उसका संतुलन बिगड़ सकता है।

कभी-कभी हमें यह समझने की आवश्यकता होती है कि जब कोई खुद से कुछ कर रहा हो तो हमें उसका संघर्ष और विकास नहीं रोकना चाहिए। यही संघर्ष सामनेवाले के भविष्य के लिए आवश्यक होता है।

अपना मत दर्शाएँ :

- संयम रखते हुए, क्या आप अपने आपको या अपने बच्चे को संघर्ष करते हुए देख पाते हैं?
- आज तक हुए संघर्ष द्वारा आपका कौन सा विकास हुआ है?
- क्या अतीत में हुए संघर्ष के लिए आप शुक्रगुज़ार हैं?
- क्या आप अपने कम्फर्ट ज़ोन (आराम सीमा) में रहने की चाहत रखते हैं?
- हर चुनौती आपका विकास करती है, इस पर आप कितना भरोसा करते हैं?

आठवाँ

गधे, कुत्ते या बिल्ली की नहीं
घोड़े की सोच पर अमल करें

गाँव में एक साहूकार अपने बहुत बड़े मकान में रहता था। उसके यहाँ नारंगी घोड़ा, सफेद गधा, भूरालाल कुत्ता और काली बिल्ली ऐसे चार जानवर थे।

घोड़े का नाम 'बिंदास' और गधे का नाम 'मायादास' था। चारों दिनभर अपना-अपना काम करते और रात होने पर घोड़े के तबेले में मिलकर, आपस में बातचीत करते। एक दिन वे आपस में अपनी आंतरिक कहानी पर चर्चा कर रहे थे। आइए, जानते हैं वे क्या बातें कर रहे थे।

कुत्ता कहता है, 'मैं पहले बहुत खुश था परंतु जब से घर में बिल्ली आई है तब से मालिक ने मेरी तरफ ध्यान देना बंद कर दिया है। अब वह मुझे प्यार नहीं करता। मैंने भी अपना काम कम कर दिया है। अभी घर में कोई आता है या रात में छोटी-मोटी चोरी होती है तो मैं भौंकता ही नहीं। मैंने तो सोच लिया है कि सब लोग ऐसे ही हैं, सब स्वार्थी हैं। इसलिए मैंने अपना नारा ही बना लिया है कि 'सब चोर, कामचोर हैं।'

फिर गधे ने अपनी कहानी बताई। उसने कहा, 'मालिक मुझसे बहुत काम करवाता है। सारा काम मैं खुशी से करता भी हूँ मगर मालिक से जो फल मिलता है, वह सही नहीं होता। एक रात घर में चोर घुस आने पर कुत्ता नहीं भौंका लेकिन मैंने 'ढेंचू-ढेंचू' की आवाज़ निकालकर शोर मचाना शुरू किया। मगर बेवजह नींद से उठाया, यह सोचकर मालिक ने मेरी खूब पिटाई की। तब से मैं सोचता हूँ कि अच्छे लोगों के साथ बुरा ही होता है।'

इस पर बिल्ली बोली, 'मैं कुछ काम नहीं करती, फिर भी मालिक मुझे बहुत प्यार करता है। परंतु मुझे समझ में नहीं आता कि मैं ऐसी क्यों हूँ और भगवान ने मुझे ऐसा क्यों बनाया है?'

इसके बाद सभी (गधा, कुत्ता और बिल्ली) ने मिलकर घोड़े से पूछा, 'तुम हमेशा खुश और बिंदास रहते हो, इसका क्या कारण है?'

तब घोड़े ने जवाब में बहुत ही महत्वपूर्ण बातों का ज़िक्र किया। उसने कहा, **'मेरा तो नारा ही है सब कुछ ठीक है इसलिए मैं बिंदास हूँ।** जब मालिक मुझे खेतों में लेकर जाता है तब मैं बिंदास होकर दौड़ता हूँ। दौड़ते समय हवाओं से बातें करते-करते कुदरत के साथ एक हो जाता हूँ और खुले मैदान में अपनी आँखों की पुतलियाँ ऊपर करता हूँ। इस तरह थोड़ा काम और थोड़ा आराम लेकर मैं बिंदास रहता हूँ।'

सभी को आश्चर्य हुआ कि यह क्या कह रहा है! हवा से बातें करना, कुदरत के साथ एक होना, आँखों की पुतलियों को ऊपर उठाना, ये सब क्या होता है? सबके चेहरे पर सवाल देखकर घोड़े ने आगे बताया, 'पहले मैं ऐसा नहीं था। नारंगी समझकर जब सारे घोड़े मुझ पर हँसते थे तब मैं डिप्रेशन में चला जाता था और मेरी शक्ति भी कम हो जाती थी। मगर जब ये सारी बातें मैंने हवाओं के साथ की तब पता चला कि मुझ पर हँसनेवाले उन घोड़ों की वजह से ही मैं आज बिंदास हूँ। कोई गलत कहनेवाला नहीं होता तो मैं इतना बिंदास नहीं बन पाता।' कितनी महत्वपूर्ण सीख है न!

यदि कहानी पढ़कर कुछ सबक सीखना है तो हमें भी हवाओं से बातें, कुदरत से एकात्मकता का अनुभव और आँखों की पुतलियों को ऊपर करके देखना है।

यहाँ नारंगी का अर्थ है, जिसका कोई रंग नहीं यानी जब इंसान दुनिया की रंगीन बातों से खुद को अलग कर देता है तब लोग उस पर हँसते हैं। मगर उन्हीं बातों के

कारण वह माया से दूर और कुदरत के नज़दीक आता है।

हवाओं से बातें करना यानी अंतराल एवं एकांत में रहकर सीधे ईश्वर से जुड़ना। आँखों की पुतलियाँ ऊपर करना यानी दोनों आँखों से जो दिख रहा है, उससे ऊपर उठकर ज्ञान की तीसरी आँख से जुड़ना। अर्थात दिखावटी दुनिया से ध्यान हटाकर, असली सत्य पर ध्यान लगाना। इन बातों द्वारा कुदरत से एकात्मकता का अनुभव करना जीवन का बहुत ही महत्वपूर्ण पड़ाव है।

अकसर इंसान साहुकार के चार जानवरों जैसा सोचकर मन में अपनी कहानी बनाता है। थोड़ा खुद के विचारों को टटोलकर देखें कि हम किस तरह की सोच रखते हैं- कुत्ता, गधा, बिल्ली या घोड़े की? कुछ लोगों के दिमाग में चलता है कि 'सब स्वार्थी हैं और न लोग सही हैं, न मैं।' कई लोग गधे की तरह सोचते हैं। जैसे- 'मैं अच्छा हूँ मगर लोग सही नहीं हैं' या कुछ लोगों में बिल्ली जैसे विचार चलते हैं- 'सब अच्छे हैं मगर मेरे साथ सही नहीं हो रहा है।' परंतु हमें तीनों प्रकार के विचारों से ऊपर उठकर, घोड़े जैसा बिंदास बनना है। क्योंकि जीवन की सफलता, शिकायत मुक्त और कुदरत के साथ एक होकर जीने में ही है।

आमतौर पर लोग काम के बदले में इच्छित फल (प्रेम, ध्यान अथवा प्रमोशन, पैसा आदि) न मिलने पर कामचोरी करते हैं। खुद में क्षमता होने के बावजूद अच्छा काम नहीं करते। ऐसे लोग कुत्ते की तरह आलसी जीवन जीते हैं। कुछ लोग कहते हैं, 'मैं ही दिन-रात मरता, खपता, तपता... हूँ।' ऐसे लोग माया के गुलाम बनकर शिकायतोंभरा जीवन जीते हैं।

कई लोग दूसरों के स्टेटस आदि देखकर, खुद को कोसकर अथवा कम आँककर नाराज़गी में जीते हैं। हमें इस तरह के पुराने सोच-विचार से बाहर आकर, खुली हवा में दौड़ना यानी कुदरत के साथ एक होने की कला सीखनी है। लोगों के ताने, कमेंट्स, मज़ाक आदि के बावजूद अपने आपको आज़ाद रखना है। अन्य लोगों को धन्यवाद देना है क्योंकि उनके कुछ न कुछ कहने पर हम कुदरत के ज़्यादा नज़दीक जाते हैं। हमें हवाओं से बातें करके सही समझ प्राप्त करनी है ताकि कुदरत के साथ सदैव ताल-मेल बना रहे।

जब भी दुःख, शिकायत, कमी आदि महसूस हो तब खुद से पूछना है, '**सब ठीक है, इस विचार के साथ क्या मैं बिंदास रह सकता हूँ?**' सवालों से सजगता बढ़ाकर खुद को आज़ाद करना है और घोड़े जैसा खुशहाल जीवन जीना है।

यहाँ और एक बात पर गौर करना ज़रूरी है कि हमें अपने-अपने स्वभाव अनुसार ईमानदारी से हर कार्य करना है। चूँकि सभी प्रत्यक्ष-अप्रत्यक्ष रूप में एक-दूसरे से जुड़े हैं, एक की गैरज़िम्मेदारी दूसरों पर असर करती है। मगर यदि ऐसा असर हो जाए तो उसे अवसर बनाकर आगे बढ़ना है, न कि शिकायत करते हुए जीना है। तभी हमारे द्वारा उच्चतम विकसित समाज बनाने हेतु बढ़िया अभिव्यक्ति होगी।

आपका जीवन कुदरत की तमाम शक्तियों के साथ एकरूप होकर बिंदास एवं खुशहाल बनें, इस प्रार्थना के साथ धन्यवाद।

तात्पर्य : इंसान को न कामचोर बनना है, न ही मायादास। अपनी ज्ञान की आँखें और एकांत की शक्ति का इस्तेमाल करके बिंदास जीना है। जिससे आप कुदरत के साथ सदैव एकरूप (तालमेल में) रहकर, स्वयं को अभिव्यक्त कर पाएँ और आपका जीवन खुशहाल बन जाए।

कहानी में कुत्ता, गधा और बिल्ली अपनी समस्याओं में स्वार्थी नज़रिए से सोचते हैं। जबकि घोड़ा अपनी खुशी के लिए सकारात्मक दृष्टिकोण अपनाता है।

प्राकृतिक वातावरण से जुड़कर हम मानसिक शांति पा सकते हैं।

घोड़े की समझ अपनाएँ- थोड़ा काम, थोड़ा आराम जीवन को खुशहाल बनाते हैं।

जब हम दूसरों की बुरी बातों या आलोचनाओं से सीखकर, आगे बढ़ते हैं तो वही चीज़ हमें ताकत देती है।

अपना मत दर्शाएँ :

- अपने अंदर चलनेवाली कहानी लिखकर जाँचें कि हम किस तरह जी रहे हैं?
- क्या आप काम करते समय हवाओं से बातें करते हैं?
- क्या आप ज्ञान की आँख द्वारा दुनिया को देखते हैं?
- कुदरत से एक होने के लिए आप क्या-क्या करते हैं ?
- क्या तानों के बावजूद आप खुश एवं धन्यवाद के भाव में रह पाते हैं?

नौवाँ

साँप, नेवला और ब्राह्मणी की कहानी

कौन जीता, कौन हारा

एक निःसंतान ब्राह्मण था। औलाद न होने के कारण उसकी पत्नी हमेशा दुःखी रहती थी। यह देख ब्राह्मण घर में एक नेवला ले आया। अब ब्राह्मणी नेवले के पालन-पोषण में मगन रहने लगी। धीरे-धीरे उसे नेवले से लगाव हो गया। मातृत्व का प्रेम महसूस होने के कारण वह खुश रहने लगी।

अकसर इंसान जब भी किसी भावना को गहराई से महसूस करता है तब जीवन में उसी तरह की बातें आकर्षित करता है। ब्राह्मणी के साथ भी कुछ ऐसे ही हुआ, उसे संतान प्राप्ति हुई। स्वभावतः अब उसका ज्यादातर ध्यान खुद के बच्चे पर रहने लगा। 'नेवले से ध्यान हटने पर उसे कभी-कभार लगता था कि मेरा नेवले के प्रति प्यार कम हुआ है।' परंतु कई सालों के इंतज़ार के बाद संतान पाने के कारण, वह पूरा समय बच्चे की देखरेख करने से स्वयं

को रोक नहीं पाती थी। अकसर इंसान प्रेम में यह गलती करता है, जब कोई ज़्यादा नज़दीक महसूस हो तब वह अन्य रिश्तों पर ध्यान देना कम करता है। हालाँकि सबके प्रति प्रेम रखना भी संभव हो सकता है।

खैर, एक दिन ब्राह्मणी पानी भरने के लिए बाहर गई थी तब कहानी में कुछ अजीब घटित हुआ। असल में ब्राह्मणी बच्चे को पालने में सुलाकर पानी भरने गई थी। उसी दौरान एक साँप वहाँ आया। यह देखकर नेवला उस साँप पर टूट पड़ा। साँप और नेवले के बीच घनघोर युद्ध हुआ और नेवले ने साँप के टुकड़े-टुकड़े कर दिए। फिर वह दरवाज़े पर बैठकर ब्राह्मणी का इंतज़ार करने लगा।

ब्राह्मणी को आते ही दरवाज़े पर बैठा नेवला दिखाई दिया। उसके मुँह पर लगे खून को देखकर, ब्राह्मणी के तो होश ही उड़ गए। उसे लगा नेवला उसके बच्चे को खा गया। गुस्से में उसने अपना आपा खो दिया और पानी से भरा घड़ा नेवले पर फेंक दिया। नेवला उसी क्षण, वहीं पर मर गया। ब्राह्मणी ने तुरंत अंदर जाकर देखा तो बच्चा पालने में सुरक्षित खेल रहा था। पालने के बाजू में पड़े साँप के टुकड़ों को देखकर उसे सारा मामला समझ में आ गया मगर तब तक नेवले की जान जा चुकी थी।

उसके बाद ब्राह्मणी सारी ज़िंदगी इस अपराधबोध के साथ जीती रही कि 'जिस नेवले ने मेरे बच्चे की जान बचाई, उसी को मैंने बेरहमी से मार डाला।'

इस तरह बिना सोचे-समझे क्रिया करने तथा जल्दी में अग्र प्रतिसाद देने से इंसान को कई बार पछताना पड़ता है। कम से कम जब बात किसी को हानि पहुँचाने और खुद की भावनाओं पर नियंत्रण रखने की हो तब तो इंसान को प्रतिसाद देने से पहले कुछ पल रुकना ज़रूरी है। कोई नकारात्मक विचार आए तो परिस्थिति एवं सामनेवाले को समझने की कोशिश करना ज़रूरी है। वरना जीवनभर के लिए ग्लानि, अपराधबोध और पश्चाताप जैसी भावनाएँ सताती रहती हैं। इसलिए क्रिया करने से पहले कुछ क्षण रुकना अत्यंत आवश्यक है। इसे ही विलंब प्रतिसाद देना कहते हैं।

विलंब अर्थात कुछ पल रुककर प्रतिसाद देने के कारण कई गलत कर्मों से बचा जा सकता है।

आइए, आज से ही हर छोटी बात जैसे ज़रूरत से ज़्यादा खाना, अनावश्यक बातचीत आदि में विलंब प्रतिसाद देकर, इसका अभ्यास करने का निश्चय करते हैं। ताकि प्रतिक्रिया देने से पहले मन सजग रहना सीखे और हर कर्म में शरीर पर नियंत्रण

रखकर तथा सोच-समझकर कदम उठाया जाए। यदि आज तक जाने-अनजाने में दिए गए किसी प्रतिसाद के कारण आपके मन में अपराधबोध पनप रहा हो तो उसे क्षमा साधना से खत्म करना संभव है। जिन बातों को बदला नहीं जा सकता, उनके दुःखद असर को मिटाने का प्रभावी तरीका है, क्षमा साधना। अर्थात जाने-अनजाने में हुए कर्म के लिए क्षमा माँगना और क्षमा करना।

यदि सामनेवाले से प्रत्यक्ष कह नहीं पाए तो कम से कम ध्यान में बैठकर, उससे क्षमा माँगें तथा क्षमा करें ताकि कर्मबंधन मिटने में मदद हो जाए। साथ ही यह भी तय करें कि खुद को किसी के भी प्रेम के प्रति इतना आसक्त नहीं करना है, जिससे आगे चलकर प्रेम भावना अंधी साबित हो। अर्थात विलंब प्रतिसाद, क्षमा साधना और तेजप्रेम की कला आत्मसात करने का आज निश्चय कर लें, तब ही इस तरह नैतिक सीख देनेवाली कहानियाँ सफल होंगी। वरना बिना सबक सीखे, न सिर्फ पढ़ाई-लिखाई बल्कि सारा जीवन व्यर्थ होगा।

आपका हर कर्म एवं संपूर्ण जीवन, सार्थक सबकों से मौलिक बने, इस प्रार्थना के साथ धन्यवाद।

तात्पर्य : इंसान को अपने तन एवं मन पर नियंत्रण रखकर, विलंब प्रतिक्रिया की कला सीखनी अनिवार्य है ताकि जीवन दुःख मुक्त रहे और अनमोल मनुष्य जन्म सार्थक बन जाए। इसी में इंसान की मौलिकता है।

जल्दबाजी में लिया गया कोई निर्णय जीवनभर के पछतावे का कारण बन सकता है।

कोई भी नकारात्मक विचार या भावना आने पर सामनेवाले की स्थिति और उसके दृष्टिकोण को समझने की कोशिश करें।

अपना मत दर्शाएँ :

- क्या आपके मन में कोई अपराध भावना तथा दुःख है? यदि 'हाँ' तो तुरंत क्षमा साधना से उसे मिटा देना है ताकि आपका जीवन खुशियों से भर जाए।
- क्या आप विलंब प्रतिसाद का अभ्यास करते हैं? यदि 'हाँ' तो एक प्रयोग लिखें। यदि 'ना' तो कौन सी क्रिया में आप प्रयोग करेंगे, वह लिखें।

- क्या आपको तेजप्रेम की कला सीखनी है? यदि 'हाँ' तो उसके लिए प्रेम नियम पुस्तक का पठन करें।
- आपने जाने-अनजाने में किए अग्र (उग्र) प्रतिसाद की सूची बनाएँ। उसमें जगे अपराधबोध के लिए क्षमा साधना करें।
- खुशी से खुशियाँ आकर्षित होती हैं, इसका एक अनुभव या उदाहरण लिखें।

दसवाँ

सूअर का अहम, हाथी का रहम

रहम दिल की सेवा

एक सूअर जंगल के रास्ते से कहीं जा रहा था। उसने देखा कि एक हाथी नहा-धोकर, उसी राह से गुज़र रहा है। आगे रास्ता छोटा था और दोनों में से केवल एक ही लाँघकर दूसरी तरफ जा सकता था। तब सूअर ने गुर्राते हुए हाथी से कहा, 'पहले मैं इस रास्ते से गुज़रूँगा।' हाथी बिना कुछ कहे वहीं रुका रहा। सूअर छोटा रास्ता पार कर नदी की ओर निकल गया और हाथी उसके बाद रास्ता पार कर चुपचाप आगे निकल गया।

इस घटना का जिक्र करते हुए सूअर दूसरे दिन सभी जानवरों को बताने लगा, 'देखो, हाथी मुझसे डरता है।' फिर किसी ने उससे पूछा, 'यह कैसे क्या हुआ?' तब सूअर ने रास्ता लाँघनेवाली बात बताते हुए कहा, 'कल ऐसे-ऐसे हुआ और मेरे चिल्लाने पर हाथी चुपचाप रुका रहा।'

दरअसल, सूअर को यह भ्रम हो गया कि उसके गुर्राने से हाथी की बोलती बंद हुई और वह चुपचाप रुका रहा।

कुछ जानवर इस बात की सच्चाई जानने के लिए हाथी से मिलने गए। इन जानवरों को इतनी समझ थी कि वे एक तरफा बात सुनकर कहानी नहीं बनाते। जब जानवरों ने हाथी से पूछा, 'हमने सुना है कि तुम सूअर से डर गए थे। क्या सच में तुम सुअर से डरते हो?' तब हाथी ने सच्चाई बताते हुए कहा, 'दरअसल, मैं नहा-धोकर अपने रास्ते से जा रहा था। सूअर कहीं गंदगी में बैठकर आया था तो उसके पूरे शरीर पर कीचड़ लगी हुई थी। मेरे मन में विचार आया कि उसे एक लात मारकर

दूर फेंक दूँ मगर मेरी साफ-सुथरी टाँग खराब हो जाती। और मेरे पिताजी कहा करते थे कि 'हमेशा कीचड़ और लीचड़ (माया में फँसे, स्वार्थी, दुर्व्यवहारी) लोगों से दूर रहना। जैसे कीचड़ तन को गंदा करता है, वैसे ही लीचड़ लोग मन को मैला करते हैं।

पिताजी एक और महत्वपूर्ण बात कहते थे, 'याद रखना बेटा, ऐसे कीचड़ और लीचड़ लोगों से कभी बहस नहीं करनी चाहिए।' ये बातें सुनकर सभी जानवरों को सूअर का अहम और हाथी का रहम पता चला।

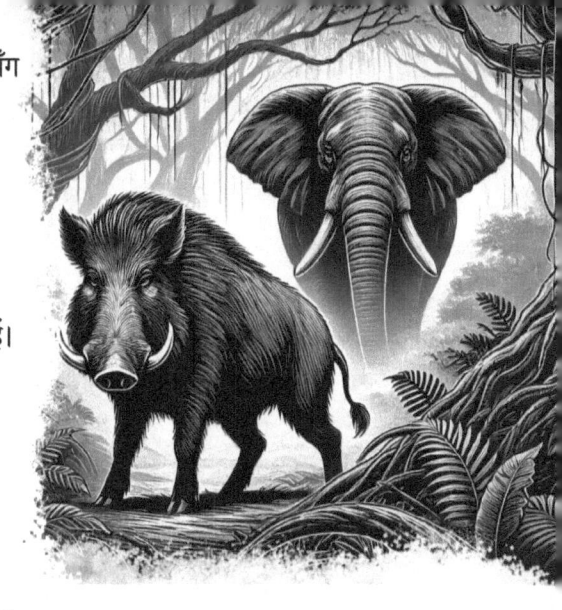

क्या आप जानते हैं कि कुछ लोगों से बहस करके हमारा मन अशांत क्यों होता है? दरअसल, मायाजाल में फँसे लोगों को सुनकर हमारा मन अशांत होता है। इसलिए इन लोगों के चक्कर में कभी पड़ना ही नहीं चाहिए और सत्य का श्रवण करते रहना चाहिए ताकि मन मैला होने से बच जाए।

रास्ते में आया हुआ सूअर अहंकार का प्रतीक है, जो ईश्वर प्राप्ति में बहुत बड़ी बाधा बनता है। यहाँ तक कि अहंकार के चक्कर में हम खुद को भी स्वीकार नहीं कर पाते। जबकि स्वीकार अहंकार की अग्नि को बुझानेवाला या शांत करनेवाला जल है।

क्या आपने अपने जीवन में स्वीकार को आत्मसात किया है? आपके जीवन में जो भी आना चाहता है अथवा जाना चाहता है, क्या उसे आप हाथी की तरह शांत रहकर अनुमति देते हैं? क्या किसी नकारात्मक घटना या परिस्थिति को स्वीकार कर, आप शांत रह पाते हैं? हमें ऐसी अनचाही बातों को भी स्वीकारना ज़रूरी है और जो लोग इन बातों को स्वीकारने से इंकार करते हैं, उन्हें भी स्वीकारना आवश्यक है। हमारे आस-पास कीचड़ तो है मगर लीचड़ लोग भी हैं। अब यह हम पर निर्भर है कि हम अपने मन को कैसे रखें। यदि हम अनावश्यक बहस को टालते हैं तो ऊर्जा और समय दोनों बचते हैं। साथ ही मन का सुकून बरकरार रहता है। ऐसे स्वच्छ तन-मन पर विकार नहीं चिपकते।

हाथी को अपने पिता की बताई गई बात सही समय पर याद आई इसलिए वह धीरज के साथ शांति से रुका रहा। भले ही सूअर ने जंगल में जाकर गलत बातें फैलानी चाही मगर सजग जानवरों पर उसका परिणाम नहीं हुआ। यानी सुनी-सुनाई बातों पर भरोसा किए बिना उन्होंने हाथी से मिलकर, हाथी की समझ और घटना की सच्चाई जान ली।

ठीक इसी तरह हमें भी लोगों की सुनी-सुनाई बातों पर यकीन करने से पहले, उनमें छिपी सच्चाई जाँच लेनी चाहिए। तुरंत बिना कोई अनुमान लगाए, धीरज के साथ काम लेकर, सच की तह तक जाना चाहिए। जिससे हम अहंकार की नहीं बल्कि समझदार रहम दिल की सेवा कर पाएँ यानी सच्चाई के रास्ते पर आगे बढ़ पाएँ।

तात्पर्य : हाथी की तरह अपने शुद्ध स्वरूप से प्रेम करनेवाले लोग कभी भी सूअर जैसे अहंकारी लोगों से बहस नहीं करते। न ही ऐसे लोगों के बहकावे में आकर हाथी की शुद्धता एवं शक्ति पर शंका लाते हैं। आस-पास कीचड़ और लीचड़ होने के बावजूद, वे स्वयं को अमैला, अबाधित रख पाते हैं।

कहानी का एक पहलू यह है कि कई बार चुप रहना और संयम बनाए रखना बेहतर होता है।

प्रस्तुत कहानी दर्शाती है कि गंदगी और नकारात्मकता से बचने का सबसे अच्छा तरीका है उनसे दूर रहना।

बड़ों की आज्ञा का पालन करना जीवन में सही दिशा और समझ प्रदान करती है।

बिना पूरी सच्चाई जाने किसी के बारे में निष्कर्ष पर नहीं पहुँचना चाहिए।

अपना मत दर्शाएँ :

- किसी के नम्र व्यवहार को देखकर आप क्या मतलब निकालते हैं?
- क्या आपके रास्ते में आए गुस्सैल लोगों के लिए आप शांत रह पाते हैं?
- क्या आपने कभी अनुभव किया है कि बहस करने से समय, ऊर्जा और मन:शांति व्यर्थ खर्च होती है?
- आप कैसे कार्य करते हैं? अहंकार को बढ़ावा देनेवाले या सत्य को उजागर करनेवाले?
- क्या आप स्वीकार का महत्त्व समझते हैं? स्वीकार पर ५ पंक्तियाँ लिखें।

ग्यारहवाँ

खरगोश का साहस और शेर की मौत

न डरें, न डराएँ

एक जंगल में बहुत सारे जानवर एक साथ रहते थे। जैसे- हिरन, ऊँट, गीदड़, लोमड़ी, खरगोश आदि। एक दिन उस जंगल में एक शेर आया। चूँकि उस जंगल में इससे पहले कोई शेर नहीं था इसलिए सभी प्राणी बड़े मज़े से, खुशी से रहते थे। परंतु जब शेर ने आकर घोषणा की कि 'मैं सबको खा जाऊँगा' तो सारे प्राणी डर गए। शेर इतना आलसी था कि वह शिकार के लिए गुफा से बाहर नहीं निकलता था। सो उसने जंगल के प्राणियों से कहा था, 'रोज़ मेरी गुफा तक एक प्राणी को पहुँचाना वरना मैं सबको मार डालूँगा।'

शेर के प्रस्ताव पर निर्णय लेने के लिए सभी प्राणियों ने आपस में मीटिंग की। 'कहीं शेर सबको मार न डाले', यह सोचकर सब घबराए हुए थे। अतः सभी ने अपनी-अपनी राय दी। हर प्राणी अपनी स्वभाव विशेषता अनुसार बात कर रहा था।

चालाक लोमड़ी अपने ढंग से बात कर रही थी। गधा अपने हिसाब से बता रहा था। उस मीटिंग में एक खरगोश भी था। जिसे सदा हँसने की आदत थी, वह छोटे से चुटकुले पर भी बहुत ज़्यादा हँसता था। इस तरह मीटिंग में सभी प्राणी शामिल थे। अंत में यह निर्णय लिया गया कि रोज़ हर परिवार का एक जानवर शेर तक पहुँचेगा। तब खरगोश ने हँसकर पूछा, 'मेरा नंबर कब आएगा?' वह बड़ा ही उत्सुक था, यह जानने के लिए कि उसका नंबर कब आएगा।

सभी परिवारों को नंबर देकर पहले दिन कौन सा परिवार, दूसरे दिन कौन सा परिवार अपने सदस्य को गुफा तक पहुँचाएगा, यह तय हुआ। स्वभावतः यह निर्णय

और नियोजन सभी प्राणी बड़े दुःख में ले रहे थे। सिर्फ खरगोश खुश था, यह देखकर सभी को आश्चर्य हुआ कि इतनी दुःखद परिस्थिति में कोई खुश कैसे हो सकता है? जिसका जवाब है खरगोश को हर समस्या चुनौति लगती थी। उसे अपने सृजनशील दिमाग द्वारा समस्या सुलझाकर आनंद पाने में मजा आता था। इसलिए वह हर समय हँसता रहता था। चूँकि खरगोश छोटा था इसलिए उसका नंबर बहुत पीछे था। तकरीबन एक महीने के बाद का नंबर उसे मिला। तब तक खरगोश को उसकी योजना पर अमल करने के लिए प्लैन ए, बी, सी पर सोचने का भी मौका मिला।

एक महीने बाद उसे शेर की गुफा में जाना है, यह पता चलने के बाद खरगोश वहाँ से चला गया। बाकी सारे परिवार बहुत दुःखी थे। दुःखी होकर हर नियोजित परिवार ने अपना एक सदस्य शेर की गुफा में भेजना शुरू कर दिया। यह सिलसिला एक महीने तक चला।

फिर जब खरगोश का नंबर आया तब हँसते-हँसते वह शेर की गुफा में जा पहुँचा। परंतु वहाँ पहुँचने का समय १० बजे का था और वह ११ बजे पहुँचा। देर से आए खरगोश को देखकर शेर ने गुस्से से पूछा, 'तुम्हें आने में देर क्यों हुई?' इस पर खरगोश बोला, 'घर से ज़ल्दी निकला था...।' तभी शेर कुछ अनुमान लगाकर ज़्यादा गुस्सा हुआ। परंतु खरगोश ने आगे बताना जारी रखा, 'असल में हम दो खरगोश थे क्योंकि हमें मालूम था कि केवल एक से आपका पेट नहीं भरेगा। मगर रास्ते में दूसरा शेर मिला और उसने मेरे साथी खरगोश को खा लिया। मैंने उसे बताया कि जंगल का राजा यानी आप इस बात से नाराज़ होंगे। परंतु उसने कहा, 'इस जंगल का राजा तो मैं हूँ' फिर भी मैं भागकर आपके पास आ गया।'

खरगोश की बातें सुनकर शेर को और ज़्यादा गुस्सा आया। फिर शेर ने दहाड़ते हुए खरगोश से पूछा, 'ऐसा कौन सा शेर है, जो मेरे होते हुए यहाँ का राजा बनना चाहता है? वह शेर कहाँ है, मुझे दिखाओ।' इस पर खरगोश ने कहा, 'चलो मेरे साथ, आपको वह शेर दिखाता हूँ।'

फिर खरगोश उस शेर को एक कुँए के पास ले गया और बोला, 'वह दूसरा शेर इस कुँए के अंदर है।' तब शेर कुँए के अंदर झाँकने लगा। पानी में दिखनेवाले अपने ही प्रतिबिंब को देख, उसे दूसरा शेर समझकर वह दहाड़ने लगा। तभी उसने देखा कि दूसरा शेर भी दहाड़ रहा है। एको (प्रतिध्वनि) सुनकर गुस्से में वह दूसरे शेर को मारने के लिए कुँए में कूद पड़ा। अब भला वह पानी में कितना समय गोते लगाएगा? गोते खा-खाकर आखिर शेर मर गया।

जब खरगोश वापस जीवित लौटा तब सभी को आश्चर्य हुआ। उन्हें लगा, 'शायद खरगोश शेर की गुफा में पहुँचा ही नहीं। अब शेर नाराज़ होगा।' मगर खरगोश ने सभी को बताया, 'शेर तो मर चुका है।' किसी को यकीन ही नहीं हुआ कि शेर का अंत हो चुका है।

उन्होंने खरगोश से पूछा, 'तुमने शेर को कैसे मारा? क्या उसने तुम पर हमला नहीं किया? तुमने कैसे यह संभव कर दिखाया, जो हम जैसे बड़े प्राणी न कर सके? इस बात में क्या तथ्य है? क्या हुआ?'

फिर सभी प्राणी कहने लगे, 'हमें शेर की लाश दिखाओ।' फिर खरगोश सभी को लेकर कुँए के नज़दीक पहुँचा। कुएँ में झाँकने के बाद सभी को शेर की मौत पर यकीन हो गया।

शेर का अंत हुआ, यह जानकर आपको निश्चित ही खुशी हुई होगी। मगर यहाँ शेर किस बात का प्रतीक है? तमोगुण और अहंकार का। जो खुद को राजा मानकर गुफा में बैठे-बैठे अन्य प्राणियों को खाना चाहता है। कहीं हम भी तो यही गलती नहीं करते? खुद को श्रेष्ठ मानकर दूसरों को डराते तो नहीं? या फिर किसी के डराने पर अन्य प्राणियों की तरह डरकर दुःखी हो जाते हैं?

डरना और डराना दोनों ही कमज़ोरी के लक्षण हैं। खास करके अहंकार जब बहुत बढ़ता है और सामनेवाले पर जुल्म करना चाहता है तब वह खुद का ही नुकसान कर बैठता है। किंतु खरगोश छोटा होने के बावजूद भी हँसते-हँसते शेर (अहम) का सामना करता है यानी बड़ी होशियारी से शेर को उसके अहंकार का दर्शन करवाता है। तो क्या आप भी खरगोश जैसे बनना चाहेंगे? जंगल में खुद को चालाक समझनेवाली लोमड़ी को भी यह समझ में नहीं आता कि शेर के साथ कैसे बर्ताव करना है। इसलिए छोटे मगर खुश रहनेवाले खरगोश से हमें सबक लेना है। कहानी पर मनन करके आपको अपना सबक मिले यह शुभेच्छा है, धन्यवाद।

तात्पर्य : अहंकार चाहे सूक्ष्म हो या बड़ा, उसे मिटाना ज़रूरी है; वह भी हँसते-हँसते और सजग रहकर। ताकि भयमुक्त, चिंतारहित जीवन का आनंद ले पाएँ और निर्भयता का गुण आत्मसात हो जाए।

स्मार्टनेस और रचनात्मक सोच, ताकत से कहीं ज़्यादा प्रभावी होती है।

कभी भी अपने आकार या शक्ति को लेकर आत्म-संशय नहीं करना चाहिए क्योंकि छोटी सी चतुराई (रचनात्मक सोच) भी बड़ी मुश्किलें हल कर सकती है।

किसी भी मुश्किल स्थिति में शांति बनाए रखते हुए और सोच-समझकर निर्णय लेने से हम बड़ी से बड़ी समस्या का हल निकाल सकते हैं।

अपना मत दर्शाएँ :

- क्या आप सामनेवाले को डराकर, बिंदास होने के गलत तरीके के साथ जीते आए हैं?
- जीवन में कब-कब आपको डर सताता है अथवा गुस्सा आता है, इस पर पाँच पंक्तियाँ लिखें।
- निर्भय बनने के लिए खुद में क्या बदलाव लाना है, इस पर पाँच पंक्तियाँ लिखें।
- किसी को हराना या स्वयं जीतना किस बात पर निर्भर है?
- खरगोश के प्रतिसाद से आपने क्या सीखा?

बारहवाँ

कौए से मिली कोयल को सज़ा

हंस ने खोला राज़

एक बार कौआ और कोयल आपस में वार्तालाप कर रहे थे। अलग-अलग विषयों पर उनकी बातचीत चल रही थी। अचानक कौए ने कहा, 'मैं नीले जंगल में गया था और वहाँ पर ऐसे-ऐसे फल लगे हुए थे।' तब कोयल ने कहा, 'यह क्या कह रहे हो! जंगल कभी नीला नहीं होता।' कौए ने कहा, 'हाँ, हर जंगल नीला ही होता है।' इस पर कोयल बोली, 'क्या बकवास कर रहे हो, कोई भी जंगल नीला नहीं होता!' फिर भी कौआ अपनी बात पर डटा रहा। वह बोला 'हाँ बिलकुल, जंगल नीला ही होता है।' इस पर कोयल ने चिढ़कर कहा, 'फिर तो तुम कहोगे कि आसमान हरा होता है।' तब कौआ बोला, 'हाँ, आसमान हरा ही है।'

कौए की उलटी-सीधी बातें सुनकर कोयल को गुस्सा आया। दोनों आपस में लड़ने लगे, 'तुम गलत बोल रहे हो।' उतने में वहाँ बुलबुल आ पहुँची। बुलबुल, कोयल की सहेली होने के साथ-

साथ बिलकुल उसकी बहन जैसी थी। उसे देखकर कोयल बोली, 'देखो न बुलबुल, जंगल हरा होता है मगर यह कौआ जंगल को नीला और आसमान को हरा कह रहा है।' इस पर कौआ बोला, 'बुलबुल तो तुम्हारी सहेली है, बहन जैसी है इसलिए वह तुम्हारी ही बात को सही कहेगी। चूँकि तुम गाती हो 'नीले-नीले अंबर पर चाँद जब आए' लेकिन आसमान थोड़े ही तुम्हारे गाने से नीला होगा। कुछ भी गाओ तुम थोड़े ही न बुलबुल बनोगी, तुम तो कोयल हो और कोयल ही रहोगी।'

कुछ समय तक ऐसे ही बहस चलती रही। आखिरकार कौआ बोला, 'यदि मैंने अपनी बात साबित की तो क्या तुम सज़ा के लिए तैयार हो?' जवाब में कोयल ने कहा, 'हाँ मैं तैयार हूँ मगर यदि तुम गलत साबित हुए तो तुम्हे भी सज़ा के लिए तैयार रहना होगा।' कौए ने बेखौफ होकर कहा, 'हाँ-हाँ, ज़रूर!'

फिर दोनों ने कहा, 'चलो, हंस के पास जाकर दूध का दूध और पानी का पानी करते हैं यानी सच्चाई जानते हैं।'

हंस के पास पहुँचकर उन्होंने अपनी सारी बातें उसे बता दी। उनकी बातें सुनने के बाद हंस ने कहा, 'कोयल गलत है और कौआ सही कह रहा है।' हंस ने कोयल को एक महीना पिंजरे में रहने की सज़ा सुनाई। हंस का इंसाफ सुनकर कोयल को बड़ा दुःख हुआ मगर कौआ बड़ी खुशी से 'मैं सही हूँ' कहकर उड़ गया।

कोयल पिंजरे में बंद हो गई। उसने मौका पाकर हंस से पूछा, 'आपने ऐसा गलत फैसला क्यों लिया? यह जानते हुए भी कि जंगल हरा और आसमान नीला होता है, कौए को सही क्यों ठहराया?' इस पर शांतिपूर्वक हंस बोला, 'क्या तुम्हें मालूम नहीं कि वह कौआ है?' कोयल ने जवाब दिया, 'हाँ, मालूम है।' तब हंस बोला, 'तुम्हें यह बात मालूम है तब भी तुम उससे बहस करती हो! इससे पहले भी कौए ने इस तरह बहस करके सबका समय और ऊर्जा व्यर्थ गँवाई है। फिर भी तुमने उससे बहस की, यही तुम्हारी गलती है। इसी की सज़ा तुम भुगत रही हो।'

क्या आप भी किसी कौए यानी व्यर्थ बातचीत करनेवाले इंसान को सुधारने में लगे हुए हैं? यदि 'हाँ' तो खुद को रोकिए। वरना कौए के चक्कर में फँसकर कुछ साबित करने की गलती होगी और उसकी सज़ा आपको ही भुगतनी पड़ेगी। हमें अपना पृथ्वी लक्ष्य हासिल करना है, न कि सच या झूठ को साबित करने में लगे रहना है। हम पृथ्वी पर अपने मन को प्रशिक्षित करने आए हैं। इस मन को प्रेमल, निर्मल, अकंप, अखंड, आज्ञाकारी बनाकर जीवन सफल करने आए हैं। इसके लिए

कुदरत हमें अंदर से एहसास और संकेत देकर सजग कर रही है। हमें सजग रहते हुए यह देखना है कि कहीं हम दुःख के चक्र में तो नहीं अटक रहे हैं? सामनेवाले को सच्चाई पता चले इसलिए या कुछ साबित करने के लिए समय और ऊर्जा तो व्यर्थ नहीं गँवा रहे हैं?

अत: यह समझना ज़रूरी है कि हमारे आस-पास मौजूद लोग सह-रचनाकार (को-क्रिएटर) हैं, न वे अच्छे हैं, न बुरे। लोग न काले होते हैं, न गोरे, वे तो हमारी दुनिया को पूर्ण बनाने के लिए रखे गए हैं। हमारे आस-पास रहकर वे हमारे लिए अपना रोल कर रहे हैं, हमें अपने सबक सीखने में मदद कर रहे हैं। पृथ्वी पर अपने सबक सीखने के लिए यह एक सुंदर व्यवस्था है।

धन्यवाद है कि हंस ने कोयल को सच्चाई याद दिलाई वरना कोयल ऐसे ही दुःखी रहकर, कौए को सच समझाने में या सच को साबित करने में लगी रहती।

तो आइए, उच्चतम लक्ष्य को सामने रखकर, अपने मन पर कार्य करें ताकि हमारा सारा फोकस और प्रयास सही दिशा में लगकर, हमारे काम आ जाए। पृथ्वी से स्थूल देह छोड़कर (मृत्यु के बाद) जाने के बाद न हम पछताएँ, न कोई सज़ा पाएँ बल्कि हंस की तरह शुद्ध, सात्विक रह पाएँ।

तात्पर्य : कहानी के कौए की तरह सोच रखनेवाले इंसान को कुछ समझाने के चक्कर में अटककर दुःख नहीं मनाना है। हमें तो अपने मन को अकंप, प्रेमल, निर्मल, अखंड, आज्ञाकारी बनाते हुए, अपने एहसासों को पहचानते हुए, खुशी से आगे बढ़ना है ताकि हम पृथ्वी पर आने का लक्ष्य प्राप्त कर पाएँ।

हमेशा बेमानी या तर्कहीन बहसों में उलझने से बचना चाहिए क्योंकि उन बहसों का कोई ठोस परिणाम नहीं होता।

बेमानी बहसों में उलझने का नतीजा न केवल दुःख और परेशानी देता है बल्कि कुछ सीखने का मौका भी गँवा देता है।

जो बातें स्पष्ट रूप से गलत हैं, उनसे बचकर आगे बढ़ना चाहिए और अपना समय और ऊर्जा बेहतर कार्यों में लगाना चाहिए।

अपना मत दर्शाएँ :

- कोयल, कौआ, बुलबुल और हंस में से किसका रोल आपको भाता है? क्यों?
- क्या आप भी कभी सामनेवाले को सच समझाने के चक्कर में खुद को दुःखी होने देते हैं?
- 'कौए की बहस तब तक जारी रहती है, जब तक वह खुद को सही साबित न कर दें' इस पर पाँच पंक्तियाँ लिखें।
- यदि कोयल, हंस से मिलने से पहले ही बहस बंद कर देती तो क्या होता?
- कोयल का एक महीने के लिए पिंजरे में बंद होना शाप (श्राप) है या वरदान? कैसे?

तेरहवाँ

हँसने-रोनेवाले बकरे की मुक्ति

मनुष्यदेह की मौलिकता

एक गाँव में बड़े विद्वान और समझदार अध्यापक रहते थे। वे अपने विद्यार्थियों को ज्ञान देते थे। उन्हें दूसरों की आँखें पढ़ने की कला आत्मसात थी इसलिए वे लोगों को सलाह भी देते थे। वे संसार में हो रहे कर्मकाण्ड, पूजा-विधियों को मानते थे। मंदिरों में बकरे की बलि चढ़ाने आदि जैसे कर्मकाण्डों पर भी भरोसा रखते थे।

एक दिन ऐसे ही एक त्योहार में उन्होंने अपने विद्यार्थियों को पूजा और यज्ञ करने को कहा। उसके बाद विधिवत पूजा करके एक बकरे की बलि चढ़ाने की आज्ञा भी दी।

अध्यापक के बताए अनुसार विद्यार्थियों ने बकरे को विशिष्ट घाट पर ले जाकर नहलाया और माला भी पहनाई। 'हमारी सभी क्रियाओं से गुरुजी (अध्यापक) बहुत खुश होंगे', ऐसी आपस में बातचीत करते-करते बकरे को बलि चढ़ाने के लिए तैयार किया तभी बकरा हँसने लगा। अचानक से बकरे को हँसता देख सारे विद्यार्थी सहम गए। 'यह तो कुछ अलग ही चीज़ है' सोचते हुए एक-दूसरे को निहारने लगे। तभी अचानक बकरा रोने लगा। बकरे की ये हरकतें देखकर विद्यार्थी घबरा गए। वे उसे वहीं छोड़कर भाग जाना चाहते थे मगर अध्यापक की आज्ञा की वजह से रुक गए।

आखिर कुछ सोच-विचार करने के बाद वे उस बकरे को लेकर वापस अध्यापक के पास पहुँचें। उन्होंने अध्यापक को बताया कि 'यह बकरा पहले हँसने लगा, फिर अचानक से रोने भी लगा।'

अध्यापक ने बकरे को गौर से देखा, उसकी आँखों में झाँका और कहा, 'बकरे के अंदर किसी चीज़ का साया है इसलिए इसे छोड़ दो। अब हम इसे नहीं काटेंगे।' यह सुनकर बकरा बोल पड़ा, 'नहीं-नहीं, मुझे अभी मारो। मेरी गर्दन काट डालो। कृपया मुझे मत छोड़ो।'

बकरे को इस तरह बोलते हुए देख अध्यापक चौंक गए। उन्होंने पूरा साहस जुटाकर बकरे से पूछा, 'तुम कौन हो? क्यों मरना चाहते हो? और यह बताओ कि तुम घाट पर हँस क्यों रहे थे?'

बकरे ने बताया, 'मैं पड़ोस के गाँव में एक ज़मीनदार था तब मैंने इसी तरह बहुत से जानवरों को मारा, अपने स्वाद के लिए बहुत सारे बकरों की बलि भी दी। सौ बकरों को काटने के बाद मुझे श्राप मिला कि 'तुम्हें भी इस बलि की पीड़ा को सौ बार भुगतना पड़ेगा। जब मेरे सौ जनम पूर्ण होंगे तब मैं श्राप से मुक्त होकर फिर से मनुष्य बननेवाला हूँ। मुझे मनुष्यदेह पाकर मोक्ष पाना है। अब तक मेरे बकरे के रूप में ९९ जनम हो चुके हैं। इस आखिरी जनम में बलि चढ़ने की खुशी मुझे हुई इसलिए मैं हँसा था।'

इस पर बड़ी उत्सुकता से अध्यापक ने पूछा, 'फिर तुम रोए क्यों?' तब बकरे ने जवाब में कहा, 'तुम्हारे बारे में सोचकर मुझे रोना आया क्योंकि अब तुम्हारा चक्र शुरू होनेवाला है। इतने अच्छे इंसान और विद्वान होने पर भी तुम्हें ऐसी पीड़ाओं से गुज़रना होगा, यह सोचकर मुझे दुःख हुआ इसलिए रोना आया। परंतु अब तुम कृपया मेरी बलि चढ़ा दो ताकि मैं मुक्त हो जाऊँ।'

यह तो सिर्फ एक कहानी है, जिसके द्वारा कुछ समझाने का प्रयास किया गया है। सचमुच में इस प्रकार जनम लेने पड़ते हैं, ऐसी धारणा में हमें नहीं अटकना है। शब्दों के परे की समझ को हमें ग्रहण करना है।

बकरे की बातें सुनकर अध्यापक एकदम से चौंक गया, उसकी आँखें खुल गईं। उसने तय किया कि आज के बाद किसी भी जानवर को नहीं मारना है। श्राप

मिलने से पहले ही वह सजग हो गया। मनुष्यदेह की मौलिकता उसे समझ में आ गई। मोक्ष प्राप्ति का उच्चतम लक्ष्य याद आने से उसमें होश जगा और वह जाग गया।

फिर अध्यापक ने अपने विद्यार्थियों से कहा, 'इस बकरे को जंगल में छोड़कर आओ, कुदरत को उसकी मुक्ति का काम करने दो।' अध्यापक के बताने पर विद्यार्थी उस बकरे को लेकर जंगल गए। तब उन्होंने देखा कि वातावरण अचानक से बदल गया। बारिश का मौसम न होने पर भी आसमान में बादल छा गए, बिजलियाँ कड़कने लगीं। घबराए हुए विद्यार्थी बकरे को छोड़कर भागने लगे तभी उन्होंने और एक आश्चर्य देखा- उस बकरे पर बिजली गिरी और वह जल गया।

कुदरत के कार्य करने का तरीका देखकर विद्यार्थी स्तब्ध हो गए। उन्होंने अपनी आँखों से देखा कि किस तरह कुदरत ने अपना कार्य किया और बकरा मर गया।

विद्यार्थियों ने महसूस किया कि कुदरत ने उनका यज्ञ सफल किया। बकरे की मृत्यु के साथ वह अपने श्राप से मुक्त हुआ तथा अध्यापक पाप कर्म करने से बच गए। इस तरह कुदरत के इस रहस्यमय तरीके से कार्य करने का राज़ सभी जान गए।

क्या आप कुदरत का यह राज़ जानते हैं? जी हाँ, कुदरत अपनी अनंत शक्तियों के साथ वही निर्माण करती है, जिसमें सबकी भलाई है। जिसे जो चाहिए, वह देकर कुदरत सबका कल्याण करती है। अपने अनोखे तरीके से सब कुछ सही घटित होने देती है।

अकसर पढ़े-लिखे विद्वान लोग भी कर्मकाण्डों में उलझते हैं मगर कुछ जागृति होने के कारण कुदरत के संकेत भी पहचान पाते हैं। उस संवेदनशील अध्यापक ने भी कुदरत का इशारा तुरंत समझ लिया और कोई हत्या न करने का संकल्प लिया। विद्यार्थियों को उनकी मासूमियत के कारण कुदरत ने पाप कर्म से बचाया। उन्हें कुदरत ने अपने कार्य करने का तरीका समझाया। हमें भी यह अच्छे से समझना है। जीवन में क्या चाहिए, यह स्पष्ट रूप से निश्चित करना है। बुद्धि के परे की बातें कुदरत पर छोड़कर, उसे अपना कार्य करने देना है।

कई बार लोग कहते हैं कि 'जानवरों की बलि देने से ईश्वर प्रसन्न होता है और जानवर इसी के लिए बने हैं।' मगर इसमें सच्चाई नहीं है, कर्मों के फल से कोई बच नहीं सकता। मासूम और निष्पाप जानवरों की हत्या करने का पाप कर्म करके, उसके नकारात्मक फल भुगतने से अच्छा है कि हमें जो मनुष्यदेह मिल चुकी है, उसका हम सही उपयोग करें। यदि किसी की जान जानी है तो कुदरत को उसके तरीके से काम करने देना है। हमें प्राणी हत्या से दूर रहना है। अपने अनमोल जनम

को सफल बनाने की ओर बढ़ानेवाला कर्म करना है। ताकि जनम-मृत्यु के चक्र से सदा के लिए मुक्त होकर हम आज़ाद हो जाएँ। मुक्ति पाने के सफर के लिए आपको अनेक शुभकामनाएँ, धन्यवाद।

तात्पर्य : कर्मफल से कोई बच नहीं सकता इसलिए अपने कर्म सोच-समझकर और सही दिशा में करें ताकि हम उच्चतम लक्ष्य की ओर बढ़ें। साथ ही कुदरत को भी हमारे जीवन में कार्य करने दें ताकि उसकी अनंत शक्तियों से हमें मदद मिलती रहे।

कर्मों का प्रभाव हमेशा होता है, चाहे हम इसे समझें या न समझें। इसलिए अपने कर्मों के परिणामों से हमेशा सतर्क रहना चाहिए और किसी भी जीव को तुच्छ या बेकार नहीं समझना चाहिए।

सच्चे ज्ञान और विद्या का मतलब केवल बाहरी कर्मकाण्डों और रिवाजों में विश्वास करना ही नहीं होता बल्कि अंदर की गहराई और सत्य को पहचानना भी होता है।

जब हम किसी समस्या या दुविधा में होते हैं तब समझदारी से काम लेकर, कुदरत पर विश्वास रखना चाहिए। प्रकृति की शक्तियों को समझने की कोशिश करनी चाहिए क्योंकि सब कुछ सही समय पर, सही तरीके से होता है।

अपना मत दर्शाएँ :

- 'बिना किसी की बलि दिए, सही समझ के साथ कार्य करने से इच्छित फल की प्राप्ति होती है', इस पर आपकी कितनी दृढ़ता है?
- कर्म और कर्मफल की सही और पूर्ण समझ प्राप्त करने के लिए आप कौन से कदम उठानेवाले हैं?
- क्या आप कुदरत के कार्य करने के अनोखे तरीके को समझ पा रहे हैं?
- अपने जीवन में कुदरत की शक्तियों को कार्य करने देने के लिए अब तक आप क्या करते आए हैं?
- आप अपनी मनुष्यदेह की मौलिकता को कितना समझ पाए हैं? मनन कर लिखें।

चौदहवाँ

शिकारी कुत्ते और
सहयोग की भावना से भरी भेड़

प्रेम और सहयोग की भावना का महत्त्व

किसी राज्य के राजा ने एक दिन अपने वज़ीर से पूछा, 'हमारे राज्य में शिकारी कुत्ते कम और भेड़ें ज़्यादा हैं, इसका कारण क्या है?' वज़ीर ने बताया, 'इसका कारण मैं आपको प्रत्यक्ष दिखाऊँगा। बस! उसके लिए कृपया आप मुझे कुछ दिन का समय दीजिए।'

इसके बाद वज़ीर ने एक मैदान पर दो तबेले बनवाए। उनमें से पहले तबेले में २० शिकारी कुत्ते और दूसरे में २० भेड़ें रखवा दी गईं। फिर वज़ीर ने राजा और मंत्री मंडल से सभी को बुलाकर तबेले दिखाए। राजा और मंत्रियों के सामने ही कुत्तों के तबेले में बड़े बर्तन में मांस रखा गया और भेड़ों के तबेले में घास रखी गई। फिर तबेलों के दरवाज़े बंद किए गए और उपस्थित लोगों को वापस शाम में आने के लिए कहा। शाम होते ही सारे लोग तबेले के पास उपस्थित

हो गए। वज़ीर ने पहले तबेले का दरवाज़ा खुलवाया और सभी को दिखाया कि तबेले के अंदर क्या हालात हैं। सभी ने देखा कि दिनभर शिकारी कुत्तों ने आपस में झगड़े किए थे, एक-दूसरे पर वार किए थे। जिस कारण तबेले में कुछ कुत्ते मरे पड़े थे और कुछ ज़ख्मी हुए थे। कुत्तों के लिए बर्तन में रखा मांस वैसा ही पड़ा था यानी कुत्तों ने न मांस खाया, न ही दूसरों को खाने दिया। सभी यह दृश्य देखकर हैरान थे।

वज़ीर ने दूसरे तबेले का दरवाज़ा खुलवाया। उस तबेले में २० की २० भेड़ें शांति से रह रही थीं। कुछ भेड़ें आराम कर रही थीं तो कुछ जुगाली करते हुए मुँह हिला रही थीं। कुछ ज़मीन पर लेटी थीं तो कुछ दूसरी भेड़ों के कंधे पर कंधा रखकर निश्चिंत होकर आराम कर रही थीं। जो एक-दूसरे को पहचानती भी नहीं, वे भी आराम से एक-दूसरे के पास, पड़ी हुई थीं।

वज़ीर ने राजा से कहा, 'यही कारण है भेड़ें ज़्यादा हैं और कुत्ते कम। क्योंकि कुत्ते अपनी जाति के लिए प्रेम नहीं जानते। इसके विपरीत भेड़ें प्रेम से रहती हैं। सबको खाना मिले इसकी खबरदारी रखती हैं। यहाँ कुत्तों ने झगड़कर हत्याएँ कर दी, ज़ख्मी हो गए। खाने की व्यवस्था आसानी से उपलब्ध होने के बावजूद किसी को भी मांस नहीं मिला।'

प्रस्तुत कहानी से प्रेम, भाईचारा, सहयोग आदि गुणों का महत्त्व साफ-साफ दिखाई देता है।

एक तरफ जिन परिवारों में आपसी प्रेम है, वे एक-दूसरे के संपूर्ण विकास के लिए सही समझ के साथ निमित्त बनते हैं। दूसरी तरफ जिन परिवारों में प्रेम की कमी होती है, वे एक-दूसरे से लड़-झगड़कर दुःखमयी और असफल जीवन जीते हैं। इसी प्रकार समाज में अलग-अलग धर्म, जाति, स्त्री-पुरुष विषमता, पड़ोसी देशों और राज्यों के बीच का सीमावाद, विभिन्न व्यापार, आजीविका के अलग-अलग माध्यम, राजनीति, खेल-कूद, कलाक्षेत्र आदि क्षेत्रों में जहाँ-जहाँ प्रेम और भाइचारे की कमी है, वहाँ-वहाँ लड़ाई-झगड़े का माहौल हमेशा बना रहता है। जिससे सभी का कीमती समय, ऊर्जा और पैसे नष्ट हो जाते हैं।

दूसरी तरफ समाज के इन्हीं क्षेत्रों में प्रेम और सहयोग की भावना जब विकसित होती है तब पूरे समाज का विकास होने लगता है। आपसी मतभेदों को एक-दूसरे की सहायता से समझ के साथ मिटाया जाता है तथा आपसी भिन्नताओं को प्रेम से स्वीकार कर, आनंदमय जीवन जीया जा सकता है।

अर्थात प्रेम की शक्ति ही समाज के विभिन्न क्षेत्रों को आपस में बाँधकर 'उच्चतम विकसित समाज' का निर्माण करने का सामर्थ्य रखती है।

तात्पर्य : जीवन जीने के लिए प्रेम, शांति, साहचर्य (भाईचारा) आवश्यक है इसलिए अपनी शक्तियों का गलत इस्तेमाल करना बंद कर, उसे प्रेम के साथ शांतिपूर्ण और आरामदायी जीवन जीने के लिए उपयोग में लाएँ। ताकि मनुष्य जीवन खिल-खुल पाए और सही मायने में उसका तथा विश्व का उच्चतम विकास हो।

जब समाज में प्रेम और भाईचारा होता है तब वह समाज शांति और समृद्धि की ओर बढ़ता है। परिवारों में, समाज में, यहाँ तक कि दो देशों के बीच भी प्रेम और सहयोग की भावना होनी ज़रूरी है ताकि सभी एक-दूसरे का साथ दें और समस्याओं का समाधान मिलकर करें।

अपना मत दर्शाएँ :

- क्या आप खुद को प्रेम और स्वीकार करते हैं?
- क्या आप दूसरों को प्रेम देकर, उन्हें स्वीकार कर पाते हैं?
- अपने आपको प्रेम से भरने के लिए आप कौन से कदम उठाना चाहेंगे?
- परिवार, रिश्ते-नाते, पड़ोस, समाज में प्रेम भावना बढ़ाने हेतु आप क्या-क्या व्यवस्थाएँ कर सकते हैं?
- पृथ्वी पर हर कोई यदि प्रेम, शांति के साथ जीने लगे तो सभी का जीवन कैसा होगा?

पंद्रहवाँ

हाथी का साथी कमज़ोर नहीं

विनम्रता का जादू

एक बार किसी जंगल से सभी हाथी खाने की तलाश में दूसरे जंगल की तरफ निकल पड़े। रास्ते में एक गाँव के नज़दीक चूहों की बस्ती थी। जब हाथी उस रास्ते से गुज़र रहे थे तब कई सारे चूहे उनके पैरों के नीचे दबकर मर गए। इससे बाकी चूहे परेशान हो गए। उन्होंने हाथियों के सरदार से मिलकर बात करने का फैसला किया।

जब कुछ हाथी अपने सरदार के साथ गाँव की तरफ आते दिखे तब सारे चूहे रास्ते पर जमा हो गए। मानो पूरा रास्ता चूहों से भर गया हो। इस तरह चूहों को इकट्ठा हुए देखकर हाथियों के सरदार ने गुस्से से कहा, 'तुम्हारी इतनी हिम्मत कि तुम हमारा रास्ता रोको।'

यह सुनकर एक चूहा बड़ी विनम्रता के साथ सरदार के नज़दीक आकर कहने लगा, 'आप गुस्सा मत होना। हम आपको परेशान करने नहीं बल्कि हमारी समस्या बताने आए हैं। हम सभी को विश्वास है कि आप इस समस्या का हल ज़रूर निकालेंगे। हम जानते हैं कि आप सारी दुनिया में अपनी सहकारिता के लिए जाने जाते हैं। जब भी कोई आपसे सहायता माँगता है, आपसे हमेशा 'हाँ' ही आती है। तो क्या आप हमारी भी मदद करेंगे?'

चूहे की नम्रताभरी बातें सुनकर हाथी का सरदार शांत हो गया। उसके दिल में करुणा जागी। उसने चूहों से पूछा, 'क्या बात है? तुम्हें हमसे किस तरह की सहायता चाहिए?' तब चूहे ने बताया, 'इस रास्ते से गुज़रते समय हाथियों के द्वारा अनजाने

में हमारे बहुत सारे साथी कुचले गए हैं इसलिए बाकी चूहे डरे हुए हैं। यदि आप अपना रास्ता बदल लें तो हमें बड़ी राहत मिलेगी। यही हमारे लिए सबसे बड़ी मदद होगी। क्या आप इतनी मदद कर सकते हैं?'

यह सुनकर सरदार ने कहा, 'हाँ, हाँ! बिलकुल मदद करेंगे। हमें अफसोस है कि हाथियों के कारण कई चूहों को अपनी जान गँवानी पड़ी। अब आपको परेशान होने की आवश्यकता नहीं है। आज से ही हम बाजूवाले रास्ते से गुज़रेंगे। अब किसी भी चूहे को हाथियों से डरने की ज़रूरत नहीं है।'

यह सुनकर एक चूहा मीठी वाणी में बोला, 'हम आपके बहुत शुक्रगुज़ार हैं कि आपने हमारी बिनती मान ली। आप इतने ताकतवर और हम इतने छोटे होने के बावजूद भी आपने हमारा मज़ाक नहीं उड़ाया।' आगे उसने कहा, 'अब हम चलते हैं। परंतु यदि आपको कभी आवश्यकता पड़े तो हम भी ज़रूर मदद करेंगे।'

इस बातचीत के बाद सारे चूहे एक साथ 'शुक्रिया' अदा कर, वहाँ से निकल गए। सरदार के दिमाग में एक विचार घूमता रहा, 'इतने से चूहे भला हमारी क्या मदद कर सकते हैं?' परंतु चूहों की बातों में सच्चाई और विनम्रता होने की वजह से हाथियों ने चूहों को न तो नाराज़ किया और न ही उनकी बात का मज़ाक उड़ाया।

कुछ दिनों बाद जंगल में एक घटना हुई। सारे हाथी अपने सरदार के साथ तालाब में नहाने जा रहे थे। यह उनका रोज़ का काम था। शिकारियों को जब पता चला तब उन्होंने हाथियों के रास्ते पर बड़ा जाल बिछाया, जिसमें कई हाथी एक साथ फँस गए। अब उन फँसे हुए हाथियों की चिंघाड़ पूरे जंगल में गूँजने लगी।

जैसे ही हाथियों की आवाज़ चूहों के कानों पर पड़ी, उन्होंने पहचान लिया कि हाथी किसी खतरे में हैं। तब सारे चूहे आवाज़ की दिशा में दौड़ पड़ें। हाथियों को जाल में फँसा देखकर चूहों ने मिलकर सारा जाल कुतर डाला। चूहों के तेज

दाँतों की वजह से शिकारी के आने से पहले ही हाथी जाल से मुक्त हुए। फिर सभी हाथियों ने अपनी सूँड उठाकर बड़े शान से चूहों को 'शुक्रिया' कहा। तब से हाथी और चूहों के बीच दोस्ती हो गई।

आइए, इस कहानी से हम क्या सीखें, इस पर गौर करें।

एक छोटे से प्राणी (चूहे) के संवाद कौशल से विशालकाय (हाथी) प्राणी का हृदय पिघल गया। उसका गुस्सा शांत हो गया क्योंकि चूहे की बातों में न सिर्फ सच्चाई थी बल्कि नम्रता भी थी। साथ ही बलशाली होने के बावजूद हाथियों ने चूहों के प्रति करुणा दिखाई। दोनों का एक-दूसरे से तालमेल बना तो उनकी दोस्ती अजरामर हो गई। तब से चूहे हाथियों की पीठ पर मज़े से खेलते हैं और हाथियों को भी उसमें आनंद आता है।

ऐसी अनोखी दोस्ती शुरू होने से पहले उनके बीच हुआ संवाद हमें सिखाता है कि वाणी का सही इस्तेमाल करने से बड़े से बड़े दुश्मन को भी दोस्त बनाया जा सकता है।

दूसरी ओर दोस्ती में कभी भी किसी को कम नहीं आँकना चाहिए। हर एक अनमोल है। हमें पता नहीं कि कब, कौन, कैसे काम आएगा। हाथी और चूहे जैसे दोस्त और दोस्ती आपके जीवन में भी खिले, यह शुभकामना है।

तात्पर्य : जीवन में दोस्तों का होना जितना आवश्यक है, उतना ही विनम्र संवाद कौशल आना भी ज़रूरी है ताकि दोस्ती टिकी रहे और सभी एक-दूसरे की विशेषता अनुसार आपस में सहकार्य रखकर संकटमुक्त जीवन जी पाएँ।

किसी भी रिश्ते में समझ, करुणा और सम्मान बहुत महत्वपूर्ण है। फिर शरीर का आकार उतना महत्त्व नहीं रखता।

संवाद और सच्ची विनम्रता से हम किसी भी समस्या को हल कर, दोस्ती को और गहरा बना सकते हैं।

अपना मत दर्शाएँ :

- आज की तारीख में आप अपने बचपन के कितने दोस्तों से मिलते-जुलते हैं?
- संकट के समय क्या आपको किसी ने मदद की या आपने किसी की मदद की, जिससे आपकी जान-पहचान, दोस्ती में बदल गई? यदि 'हाँ' तो कब और कैसे की?
- अपनी मीठी वाणी द्वारा हर तरह का गुस्सा छूमंतर हो सकता है, इस पर आपके विचार लिखें।
- छोटी से छोटी मदद मिलने पर भी क्या आपमें शुक्रिया अदा करने की आदत है?

सोलहवाँ

मगरमच्छ के आँसू और बंदर का कलेजा
रिश्तों की नींव मजबूत करें

नदी किनारे बहुत बड़े पेड़ पर एक बंदर रहता था। पेड़ के मीठे, रसीले फल खाकर वह खुशी से अपना गुज़ारा कर रहा था। एक बार नदी से भूरालाल नाम का एक मगरमच्छ खाने की तलाश में उस पेड़ तक आ पहुँचा, जहाँ बंदर का बसेरा था। पेड़ के आस-पास घूम रहे मगरमच्छ को देखकर बंदर ने पूछा, 'भाई, तुम कौन हो और यहाँ क्या ढूँढ़ रहे हो?'

मगरमच्छ ने कहा, 'मैं दूर से आया हूँ और खाने की तलाश में घूम रहा हूँ।'

'अरे अच्छा हुआ बताया, यहाँ खाने की कोई कमी नहीं है। यह लो मैं तुम्हें कुछ मीठे और रसीले फल देता हूँ।' इतना कहकर बंदर ने उस पेड़ से कुछ फल तोड़कर मगरमच्छ की ओर फेंक दिए। मगरमच्छ फल खाकर बड़ा खुश हुआ। कहा, 'फल बहुत मीठे हैं। कल मैं फिर से आऊँगा।' बंदर ने कहा, 'क्यों नहीं, ज़रूर आना।'

मगरमच्छ दूसरे दिन भी आया तब बंदर ने उसे बहुत सारे फल तोड़कर दिए। फिर बंदर और मगरमच्छ के बीच काफी गपशप हुई। बंदर को एक दोस्त मिलने का आनंद हुआ। उसने कहा, 'मैं यहाँ अकेला ही रहता हूँ। तुम्हें एक मित्र के रूप में पाकर मुझे बहुत खुशी हुई।' अगले दिन भी मगरमच्छ आया और बंदर ने उसे फल तोड़कर दिए।

इस तरह रोज़ भरपेट फल खाने के बाद मगरमच्छ बंदर से खूब बातें किया करता और वापस जाता। ऐसे ही कुछ दिन बीत गए। एक दिन मगरमच्छ ने कहा, 'मेरा घर है और घर में मेरी पत्नी भी है। परंतु वह कभी घर छोड़कर बाहर नहीं आती।' यह सुनकर बंदर ने कहा, 'अरे, पहले बताते मित्र, मैं भाभी के लिए भी कुछ फल दे देता।' उस दिन बंदर ने मगरमच्छ की पत्नी के लिए भी कुछ फल तोड़कर उसे थमा दिए।

जब मादा मगरमच्छ ने वे फल खाएँ तो वह बड़ी खुश हो गई। उसके मन में आया, 'बंदर ने दिए फल इतने मीठे हैं तो उसका कलेजा कितना मीठा होगा!' परंतु वह चुप बैठी। इधर मगरमच्छ बहुत खुश था कि उसकी पत्नी को भी अब हर रोज़ फल मिलनेवाले हैं।

धीरे-धीरे बंदर और मगरमच्छ की दोस्ती गहरी होती गई। बंदर के साथ गपशप करते-करते मगरमच्छ को घर जाने के लिए देर होने लगी। यह बात मादा मगरमच्छ को बिलकुल पसंद नहीं आती थी। फिर इस बात पर दोनों पति-पत्नी के बीच झगड़े होने लगे। असल में मादा मगरमच्छ चाहती थी कि बंदर उसे मिलने घर आए और वह धोखे से उसे खा जाए। उसने कई बार अपने पति से कहा, 'तुम उस बंदर को घर ले आओ, मैं भी उससे मिलना चाहती हूँ।' परंतु पत्नी के झगड़ालू स्वभाव के कारण मगरमच्छ बंदर को घर ले जाना टालता रहता था।

एक दिन मादा मगरमच्छ ने बीमार होने का बहाना किया। जब मगरमच्छ उसका हालचाल पूछने लगा तब उसने बताया कि 'वैद्य की सलाह अनुसार मेरी बीमारी तभी ठीक होगी, जब मैं किसी बंदर का कलेजा खाऊँगी।' यह सुनकर मगरमच्छ दंग रह गया। इतना ही नहीं, उसने आगे कहा, 'यदि तुम्हारी सच में उस बंदर के साथ दोस्ती है तो तुम उसे अपने घर ले आओ।' यह सुनकर मगरमच्छ ने चौंकते हुए कहा, 'यह तुम क्या कह रही हो? वह मेरा अच्छा दोस्त है, मैं उसे धोखा नहीं दे सकता। वह रोज़ तुम्हारे लिए फल भेजता है। मेरा मित्र न होता तो मैं ये फल कहाँ से लाता? मैं खुद तो पेड़ पर चढ़ नहीं सकता।'

इस पर मादा मगरमच्छ ने मगरमच्छी आँसू बहाकर कहा, 'तुम्हें मैं प्यारी हूँ या वह बंदर दोस्त?' यह सुनकर मगरमच्छ उलझन में पड़ गया।

वह बड़ा ही परेशान हो गया। आखिर करे तो क्या करे? उसे समझ में नहीं आ रहा था। बहुत समझाने पर भी जब उसकी पत्नी नहीं मानी तब आखिरकार मगरमच्छ ने बंदर को घर लाने की सोची।

दूसरे दिन मगरमच्छ बंदर के पास पहुँचकर कहने लगा, 'दोस्त, आज मुझे आने में देरी हो गई, माफ करना।' इस पर बंदर ने कहा, 'सब खैरीयत तो है, भाभीजी ठीक है न?' मगरमच्छ ने तुरंत कहा, 'क्या कहूँ दोस्त, तुम्हारी भाभी बीमार है। वह कह रही है कि इतने दिनों में तो कभी तुम्हें घर नहीं ले आए, कम से कम अब तो ले आओ।' तब बंदर ने कहा, 'मुझे तो पानी पर तैरना नहीं आता वरना मैं आ जाता।' इस पर मगरमच्छ ने कहा, 'मित्र, मैं तुम्हें अपनी पीठ पर बिठाकर ले जा सकता हूँ।' बंदर झट से राज़ी हुआ और तुरंत उछलकर मगरमच्छ की पीठ पर बैठ गया।

अब मगरमच्छ बंदर को लिए चल पड़ा। नदी के बीच पहुँचते ही मगरमच्छ पानी में डुबकी लगाने लगा। बंदर ने पूछा, 'क्या कर रहे हो भाई, तुम डुबकी लगाओगे तो मैं डूब जाऊँगा।' मगरमच्छ ने कहा, 'सच कहूँ तो मैं तुम्हें मारने के लिए ही लेकर आया हूँ। क्योंकि वैद्य की सलाह अनुसार मेरी पत्नी जब तुम्हारा कलेजा खाएगी तब ही वह ठीक हो सकती है।'

यह सुनकर बंदर पहले तो भौचक्का रह गया। फिर सँभलते हुए उसने कहा, 'कलेजा... मेरे दोस्त यह तुमने मुझे पहले क्यों नहीं बताया? अब तो गड़बड़ हो गई।' मगरमच्छ ने आश्चर्य से पूछा, 'क्यों क्या हुआ?'

बंदर ने कहा, 'मेरा कलेजा तो नदी किनारे, उस पेड़ पर ही टँगा है। तुमने पहले बताया होता तो भाभी के इलाज के लिए मैं हँसी-खुशी उसे तुम्हारे हवाले कर देता।' यह सुनकर मगरमच्छ कह उठा, 'सच में दोस्त, तुम बहुत अच्छे हो। चलो, वापस नदी किनारे जाकर तुम्हारा कलेजा लेकर आते हैं।' यह कहकर मगरमच्छ तुरंत नदी के किनारे की ओर निकल पड़ा।

जैसे ही मगरमच्छ नदी किनारे पहुँचा, बंदर ने तुरंत मगरमच्छ की पीठ से उतरकर ज़मीन पर छलाँग लगाई और पेड़ पर चढ़ गया। मगरमच्छ ने अधीरता से कहा, 'चलो मित्र, ज़ल्दी वापस चलो।' तब बंदर ने जवाब दिया, 'मूर्ख मगरमच्छ, तुम दोस्त कहने के लायक नहीं हो। अपनी पत्नी से कहना कि जितनी वह चालाक है, उतने ही तुम मूर्ख हो। भला कलेजा कोई पेड़ पर रखता है क्या!'

आप सोच रहे होंगे, 'क्या सच में मगरमच्छ इतना मूर्ख था?

दरअसल, मगरमच्छ मूर्ख नहीं था बल्कि चेतना के निम्न स्तर पर बेहोशी में जी रहा था। उसका चरित्र भूरालाल सा था यानी कभी बुरा, कभी लालसा और कभी डर में जीता था इसलिए उसने बीवी के मोह और डर की वजह से, दोस्त को धोखा देना चाहा।

मादा मगरमच्छ के प्रति आसक्ति तथा खुद के अविवेक के कारण मगरमच्छ उसकी बातों में आ गया।

मादा मगरमच्छ ने लोभ, लालच के कारण पति से झूठ बोला कि बंदर का कलेजा खाने से उसकी बीमारी ठीक होगी।

बंदर अच्छा दोस्त है। उसने भूखे मगरमच्छ को फल देकर उसकी सहायता की। दया, सहानुभूति के कारण वह बीमार मादा मगरमच्छ से मिलने भी जा रहा था।

संकट के समय विवेकबुद्धि, रचनात्मकता का इस्तेमाल करते हुए उसने खुद को तुरंत बचा लिया।

बंदर ने एक गलती से सबक सीखकर तुरंत मगरमच्छ जैसे फिसलू नींव नाइन्टीवाले (चरित्रवाले) दोस्त की मित्रता छोड़ दी।

'अज्ञान जो करवाए, कम है।' कई घरों में परिवार के सदस्यों द्वारा ऐसी ही कुछ कामनाएँ रखी जाती हैं, जिससे किसी की दोस्ती दाँव पर लग जाती है। यहाँ तक कि लोग अपने प्रियजन की इच्छा पूरी करने के लिए रिश्वत लेने से नहीं चूकते। मगरमच्छ तो डरपोक और भोला था, वह मादा मगरमच्छ के साथ चालाकी न कर पाया। परंतु इंसान कितने बहाने बनाकर रिश्तों के साथ चालाकियाँ करता रहता है। चाहे दोस्ती हो या अन्य रिश्ता, उसमें विश्वसनीयता महत्वपूर्ण है।

कोई भी सच्चा रिश्तेदार किसी भी दूसरे रिश्ते में धोखा देने के लिए उकसाता नहीं। जो किसी एक को फँसा सकता है, वह किसी और को भी फँसा सकता है। ऐसा इसलिए होता है क्योंकि वह खुद इंद्रियों के जाल में फँसा हुआ होता है। यदि रिश्तों की नींव मजबूत बनानी हो तो कलेजा खाकर नहीं बल्कि उसके भीतर उत्पन्न भावनाओं को चखकर अर्थात उन भावनाओं को जानकर मजबूत बनाया जा सकता है।

तो आइए, दिल से आपसी संबंध बेशर्त, प्रेमभरा रखने का संकल्प करें, न कि फायदे के लिए। आपको सभी रिश्तों में निःस्वार्थ प्रेम मिले, यही शुभकामना।

तात्पर्य : इंसान को रिश्तों की अहमियत समझकर, विवेक से निर्णय लेने चाहिए ताकि किसी भी रिश्ते के सामने शरमिंदा न होना पड़े। हर रिश्ते की अपनी मौलिकता है, जिसे दिल और दिमाग के संतुलन से सँभालना हमारी ज़िम्मेदारी है।

अपना मत दर्शाएँ :

- इस कहानी से सीखी तीन बातें लिखें।
- मगरमच्छ को क्या करना चाहिए था, जिससे उसके दोनों रिश्ते टिक पाते?
- बंदर ने बढ़ाया दोस्ती का हाथ क्या परिणाम लाया?
- रिश्तों में दिल और दिमाग का संतुलन क्यों ज़रूरी है?

सत्रहवाँ

चार घोड़े सिखाए जीवन के सबक

रूपांतरण के लिए तैयार हो जाएँ

एक तबेले में बहुत सारे घोड़े रहते थे। उनका मालिक रोज़ उनसे काम करवाता था। परंतु उन घोड़ों की संवेदनशीलता बहुत ही भिन्न प्रकार की थी। इसे समझने के लिए हम उन्हें चार प्रजातियों में बाँट सकते हैं–

पहली प्रजाति के जो घोड़े थे, उन्हें मालिक रोज़ चाबुक से मारता था मगर बहुत मार खाने के बावजूद उनके बरताव में विशेष बदलाव नहीं आता था।

इस प्रकार के घोड़ों को जिद्दी, हठीले कहा जाता है। दूसरी प्रजाति के घोड़े एक बार चाबुक लगने पर अपना कार्य पूर्ण करते थे। इन प्रजाति के घोड़ों से कोई भी गलती दोहराई नहीं जाती थी। इन्हें महानुभाव (सज्जन) कहा जाता है।

तीसरी प्रजाति के घोड़े दूर से सिर्फ चाबुक की आवाज़ सुनते ही चल पड़ते थे। उन्हें चाबुक मारने की बिलकुल भी आवश्यकता नहीं थी। इन्हें महापराक्रमी कहा जाता है।

चौथी और आखिरी प्रजाति के घोड़े सिर्फ चाबुक की परछाई (मालिक की उपस्थिति) देखकर ही अपने कार्य को अंजाम देते थे। मतलब इन्हें आवाज़ आने की भी ज़रूरत नहीं पड़ती थी। इन्हें सर्वोत्तम, दर्जेदार कहा जाता है।

इसका उदाहरण है 'चेतक' नामक घोड़ा। जो वीर और पराक्रमी राजा महाराणा प्रतापसिंह का सबसे प्रिय घोड़ा था। जो खुद ज़ख्मी होने के बावजूद, महाराणा प्रतापसिंह को युद्ध के मैदान से बाहर निकाल लाया। आखिरी साँस तक अपना कर्तव्य निभाता रहा। अंततः हल्दी घाटी के युद्ध में वह वीरगति को प्राप्त हुआ।

उसका नाम इतिहास के पन्नों में सुवर्ण अक्षरों से लिखा गया है। वह ऐतिहासिक घोड़ा बना। जिसकी समाधि भी पूजनीय है। यह सिर्फ चेतक की विशेषता की वजह से संभव हुआ।

दरअसल, हम घोड़ों को निमित्त बनाकर इंसानों की नसल (स्वभाव) के बारे में जान रहे हैं। गौर किया जाए तो इंसान की प्रजाति के भी ऐसे चार प्रकार बन सकते हैं, जो अपनी संवेदशीलता और ग्रहणशीलता में बिलकुल भिन्न हैं।

जैसे- कुछ लोग हमेशा अपने दिमाग को बंद रखते हैं। उन्हें कितना भी समझाने की कोशिश करें, वे नहीं समझ पातें। उनका मंगल किसमें है, यह उन्हें खुद पता नहीं होता। जिस तरह हठीले स्वभाव के लोगों को कितने भी चाबुक पड़ने के बावजूद भी वे सुधरते नहीं, वैसे ही कुछ लोगों के जीवन में कितने भी सीखने के मौके आएँ, वे उनसे कुछ नहीं सीखते। वे दूसरों को दुःख देने से बाज़ नहीं आते। ऐसे में उन्हें महामूर्ख न कहें तो और क्या कहें? ऐसे महामूर्ख लोग एक प्रकार के अपराधी ही होते हैं। इन्हें खुद पर कार्य करके, स्वयं को बदलना अत्यंत आवश्यक होता है।

दूसरे प्रकार के लोग, जिनके जीवन में एकाध घटना हो जाए तो वे तुरंत उससे सबक सीखते हैं। इस श्रेणी के लोग बड़े सज्जन और संवेदनशील होते हैं। आपने ऐसे कई लोग देखे होंगे, जो एक बार गलती कर गए, फिर उस संदर्भ में, हमेशा के लिए सुधर गए।

कई सारे अंतराष्ट्रीय खिलाड़ी, बिजनेसमैन, राज-नेता आदि की आत्मकथाओं में हमें ऐसे संदर्भ पढ़ने को मिलते हैं।

तीसरे प्रकार के लोग हमेशा सतर्क रहते हैं। हवा से आनेवाली आवाज़ को पहचानकर ही वे अपना सबक सीख लेते हैं। ये महापुरुष होते हैं यानी उनका

पुरुषार्थ विश्व में महत्वपूर्ण भूमिका निभाता है। यहाँ पुरुष शब्द स्त्री और पुरुष दोनों को निर्देशित करता है। इतिहास के पन्नों पर अपनी जगह बनानेवाले महाराणा प्रतापसिंह, सुभाष चंद्र बोस, झाँसी की रानी आदि ऐसे ही महानायक थे।

चौथे प्रकार के लोग सिर्फ देखने मात्र से जीवन के राज़ को समझ लेते हैं। इन्हें न कोई घटना भुगतने की ज़रूरत है, न सुनने की। केवल दुनिया में चल रही बातों को देखकर ही वे अपने सबक सीख लेते हैं। इन्हें हम महात्मा इसलिए कहते हैं क्योंकि ये भौतिक दुनिया से ऊपर उठकर, आध्यात्मिक जगत में अपना कर्तव्य निभाते हैं। जैसे संत मीरा, गौतम बुद्ध, भगवान महावीर आदि। मीराबाई ने अपने गुरु को देखकर भक्ति की ऊँचाई प्राप्त की। गौतम बुद्ध ने बुढ़ापा, बीमारी, मृत्यु और तपस्वी को देखकर जीवन को खोजा। उसके बाद न सिर्फ स्वयं की बल्कि कई लोगों की आध्यात्मिक उन्नति के लिए वे निमित्त बनें।

घोड़ों में रूपांतरण संभव है अथवा नहीं, इसके बारे में कुछ कहा नहीं जा सकता मगर इंसानों के लिए निश्चित ही यह संभव है। यदि कोई इंसान अपनी मौजूदा अवस्था समझकर, उसे रूपांतरित करने का प्रिय प्रयास करे तो वह अपनी उच्चतम चेतना पा सकता है। आखिरकार हम किस अवस्था में हैं, यह जानना जितना महत्वपूर्ण है, उससे भी कई गुना महत्वपूर्ण है हमारा लक्ष्य। यानी आज हम चेतना के कौन से स्तर पर हैं, यह जानने के साथ-साथ हम चेतना के कौन से स्तर पर पहुँचना चाहते हैं, यह निर्धारित करना भी ज़रूरी है।

कुदरत हरेक को आगे बढ़ने में मदद करती है। एक छोटे से गाँव में, गरीब परिवार में पैदा हुए अब्दुल कलाम जी एक महान वैज्ञानिक तथा दूरदर्शी राष्ट्रपति बने। कहने का तात्पर्य, इसी जनम में हम महानुभव प्राप्त कर महात्मा भी बन सकते हैं। उसके लिए सिर्फ कुदरत को संकेत दें और सजगता के साथ आगे बढ़ते रहें। आपके जीवन में उचित मार्ग एवं मार्गदर्शक भी आकर्षित हो जाएँगे।

कुदरत में सारे आश्चर्य संभव हैं। कुदरत आपको चेतना के उच्च स्तर पर ले जाना चाहती है, इससे पहले कि वह आपके जीवन में बड़ा तूफान लाकर आपको हिलाए, आप खुद उसके सामने चेतना के उच्च स्तर पर स्थापित होने की अपनी चाहत रखें ताकि जीवन का सफर सहज और सफल बन पाए।

तात्पर्य : कुदरत हरेक को चेतना के अगले स्तर पर ले जा रही है। कभी हालात के मुक्के देकर तो कभी संकेत देकर, हमें सजग कर रही है, रूपांतरण के लिए तैयार कर रही है। क्योंकि हम कुछ सबक सीखने के लिए मनुष्य बनकर पृथ्वी पर आए हैं।

अपना मत दर्शाएँ :

- आपकी आज की अवस्था कौन से प्रकार के घोड़े से मिलती है?
- क्या आप इसी देह में चेतना के उच्चतम स्तर तक पहुँचना चाहते हैं?
- आपके जीवन की कोई ऐसी घटना लिखें, जिसके बाद आपका जीवन रूपांतरित हो गया।
- कुदरत का चाबुक किस बात का प्रतीक है?
- क्या पाँचवाँ घोड़ा भी हो सकता है?

अठारहवाँ

बूढ़े पक्षी की सीख

अपने उच्चतम लक्ष्य को छोटी इच्छाओं से बचाएँ

एक जंगल में नदी किनारे नरभक्षी पक्षियों का झुंड रहता था। ये वे पक्षी थे, जो मरे हुए जानवर का मांस खाते थे। जब कोई जानवर शिकार करता तब ये पक्षी उसके आजू-बाजू मंडराते, आकाश में घूमते और उस जानवर से बचते हुए, शिकार का मांस नोच-नोचकर खाते थे। क्योंकि शिकार करनेवाला जानवर इन पक्षियों को भी पंजा मारकर अपना शिकार बना सकता था।

इस झुंड में एक बूढ़ा पक्षी था, जिसने निश्चित उम्र के बाद मांस खाना बंद कर दिया था। अब वह सूरज की रोशनी से ऊर्जा प्राप्त किया करता था। मांसाहार बंद करके, सूरज का तेज पाकर वह पानी पीकर रहता था। अधिकांश समय वह पेड़ पर आरामा अवस्था में बैठा रहता था। कभी आँखें बंद करके तो कभी आजू-बाजू के सभी नज़ारे देखते हुए स्थिर रहता था। कभी-कभार सीटी बजाकर अन्य नरभक्षी पक्षियों से कहता, 'जिन्हें कान हैं, वे सुनें।'

उसके आवाज़ देने पर कुछ पक्षी पेड़ पर आते तो कुछ अपनी ही उड़ान में मगन रहते थे।

वैसे तो शाम को सारे पक्षी अपने-अपने घोंसलों में लौट आते थे मगर दिन में बूढ़े पक्षी के बुलाने पर कुछ ही पक्षी लौटते थे। अथवा कुछ पक्षी दोपहर में तेज धूप से बचने के लिए, विश्राम करने के लिए घोंसले में आते थे। तब पेड़ पर बैठे पक्षियों से बूढ़ा विस्तार से वर्णन करते हुए कहता, 'आज मैंने ऐसा दृश्य देखा कि पहाड़ों पर बादल और बादलों पर कुछ लोग चल रहे हैं।'

यह सुनकर पक्षियों को मज़ा आता। फिर सभी बड़े ध्यान से बूढ़े पक्षी की बातें सुनते। उसके द्वारा बताई गई बातों से सभी पक्षियों को अच्छा लगता, सभी को दिनभर के लिए नया विषय मिलता। रोज़मर्रा की दिनचर्या में सबको नयापन महसूस होता।

एक शाम सभी पक्षियों के लौटने पर बूढ़े ने कहा, 'आज मैंने ऐसी जगह देखी, जहाँ झरनों में फूल खिलते हैं और पानी में फूल उगते हैं। मैंने ऐसा नज़ारा देखा, जिसकी कोई कल्पना भी नहीं कर सकता।' यह सुनकर सारे पक्षी आश्चर्यचकित हो गए कि क्या वाकई कहीं पर कोई ऐसी जगह भी है! तब बूढ़े पक्षी ने बताया, 'हाँ, मैं ऐसी जगह पर जाकर आया हूँ। वहाँ ऐसी खाइयाँ भी हैं, जिनमें जितनी गहराई में जाओगे, उतनी ही ऊँचाई पर पहुँच जाओगे।'

फिर एक बार उसने बताया, 'एक ऐसा मैदान है, जिसमें बहुत सारे अलग-अलग जाति-प्रजाति के पेड़ हैं मगर सबमें एक ही प्रकार के फल आते हैं। जो जिस भाव से वह फल खाता है, उसे अपना-अपना स्वाद मिलता है। यानी एक ही पेड़ के फल खाकर हम सभी प्रकार के फलों का आस्वाद ले सकते हैं। जैसे, किसी ने फल खाते समय महसूस किया कि 'मैं सेब खा रहा हूँ' तब उसे सेब का स्वाद मिलता है। यदि कोई कहे कि 'मैं चीकू खा रहा हूँ' तो वह फल चीकू का स्वाद देता है।'

बूढ़े पक्षी की बातें सुनकर सभी को आश्चर्य हुआ। फिर कोई पक्षी पूछता, 'बापरे! क्या सच में ऐसा भी होता है?'

एक बार बूढ़े ने कहा, 'बड़ी-बड़ी ऐसी गुफाएँ भी हैं, जिनके ऊपर से जब हम उड़ते हैं तब हमारा ही शरीर गुफा में बैठा हुआ दिखाई देता है।' फिर पक्षी उससे पूछते, 'ये ऐसी ही हवाई बातें हैं या सचमुच कहीं पर ऐसी जगह है?'

एक बार बूढ़े पक्षी ने बताया, 'ऐसा समुंदर है, जहाँ मछलियाँ पानी के ऊपर उड़ती हैं। जब पानी का स्तर नीचे जाता है तब सारी मछलियाँ किनारे पर आ जाती हैं। फिर वे उड़ते-उड़ते पानी के अंदर जाती हैं।' यह सुनकर सारे पक्षी बड़े खुश होकर कहते हैं, 'ऐसे में मछलियाँ पकड़ना बड़ा ही आसान है इसलिए अब तुम केवल बताओ नहीं बल्कि हमें भी उस जगह पर ले चलो।' इस पर बूढ़े ने तुरंत कहा, 'हाँ ज़रूर।'

फिर पक्षी रोज़ बूढ़े से पूछते रहते, 'कब जाना है? सचमुच ऐसी जगह है तो हमें ले चलो वहाँ पर।'

एक दिन बूढ़े पक्षी ने कहा, 'चलो, अभी नए साल में चलते हैं।' फिर जो भी पक्षी आने के लिए तैयार हुए उन्हें लेकर वह उस अनोखी जगह पर पहुँचा। उनमें एक भूरालाल पक्षी भी था, जिसके पंख भूरे तथा लाल रंग के थे। सभी मिलकर समुंदर के बीच बसे एक आयलैंड पर पहुँचे, जहाँ वे मछलियों को उड़ते देख बड़े खुश हुए। बिना उड़े किनारे पर बैठे-बैठे ही मछलियाँ खाने को मिल रही थीं इसलिए सभी मज़े में थे, पिकनिक की तरह एन्जॉय कर रहे थे।

एक दिन उस आयलैंड पर नए पक्षियों का झुंड आया तब बूढ़े ने अपने पक्षियों से कहा, 'मैंने नए पक्षियों के झुंड को देखा है इसलिए अब हमें वापस अपनी जगह पर लौट जाना चाहिए। यहाँ नहीं रहना चाहिए। अतः लौटने की तैयारी करो।' यह सुनकर पक्षियों ने नाराज़ स्वर में कहा, 'यह जगह इतनी अच्छी है। फिर यहाँ क्यों नहीं रहना चाहिए?' परंतु बूढ़े पक्षी पर विश्वास होने के कारण सभी पक्षी वापस लौटने के लिए तैयार हो गए लेकिन भूरालाल नहीं लौटा। वह वहीं पर एन्जॉय करता रहा। किनारे पर बैठे-बैठे उड़ती मछलियाँ खाते रहने की आदत के कारण कुछ समय बाद वह खुद उड़ना भी भूल गया। ऐसे में कुछ छोटे-छोटे प्राणियों ने उस पर हमला किया और वह ज़ख्मी होकर मरणासन्न अवस्था तक पहुँच गया।

भूरालाल के मित्रों तक जब यह खबर पहुँची तब उन्होंने बूढ़े पक्षी से कहा, 'हमें भूरालाल को वापस लाना चाहिए।' बूढ़े पक्षी के कहने पर सभी भजन गाते हुए भूरालाल के पास पहुँचें। उसे कुछ खिलाने-पिलाने के बाद सभी ने मिल-जुलकर उसे उठाया और समुंदर पार करवाया। जो कार्य लगभग असंभव था, वह भक्ति की शक्ति से सहजता से संभव हो पाया।

खैर, यह कहानी बहुत गहरे संकेत देती है। आइए, इस पर अधिक प्रकाश डालते हैं।

सबसे पहले यह सोचिए कि बूढ़े पक्षी ने मांसाहार बंद किया यानी क्या? कहीं यहाँ इंद्रियों को खिलाने की बात तो निर्देशित नहीं की गई है? जी हाँ, इंसान अपनी ज्ञानेंद्रियों को, माया में उलझकर अस्थायी आनंद देते रहता है। परंतु एक समझ के बाद इंद्रियों को खाना देना बंद करके, अपने हृदयस्थान (तेजस्थान) पर आराम करना आवश्यक है। जब हम इंद्रियों के परे, अपने होने का एहसास करते हैं तब नीरव शांति और आराम को महसूस करते हैं।

तेजस्थान से जुड़ने के बाद दृश्य और अदृश्य दुनिया के रहस्य खुलने लगते हैं। फिर जीवन में कैसी भी कठिनाइयाँ आएँ, जिस प्रकार पहाड़ों के ऊपर बादल घूमते हैं, उस प्रकार हम कठिनाइयों से ऊपर उठते हैं यानी बादलों पर चलने जैसा हलका महसूस करते हैं। शरीर चाहे भारी लगे, हम भक्ति की शक्ति से तरंगित रहते हैं। फिर झरनों में फूल खिलनेवाली बात भी दिखाई देती है यानी फ्री-फ्लो में बहनेवाले झरनों (कृपाओं) के कारण नई-नई आइडियाज़, विचार आते हैं। जिससे परिस्थिति सहज सुलझती है और हम अपने भावों, विचारों के अनुसार फल प्राप्त करते हैं।

कर्मों का फल दिखने में एक समान लगता है मगर वह हमारी भावना अनुसार हमें स्वाद देता है। ये सब कुछ कुदरत के साथ तालमेल होने से होता है। कुदरत फ्री-फ्लो में बहती है, सबके लिए समान होती है मगर हमारे भावों, विचारों से निर्मित तरंगों के तालमेल अनुसार सब प्रकट होता है। तालमेल में अपार ताकत है। इसलिए अपने आपसे पूछते रहें, 'मैं जो कर रहा हूँ, वह फ्री-फ्लो में तालमेल के साथ हो रहा है या समय पर अथवा ज़ल्दी फल पाने के चक्कर में जान-बूझकर कार्य कर रहा हूँ?' ऐसी कोशिश या चाहत का मतलब है कार्य फ्री-फ्लो में नहीं हो रहा है, इसमें हमारी कोशिश अथवा चाहत ही रुकावट बन रही है। इसलिए ध्यान द्वारा विचारों से दूरी बनाकर, हृदयस्थान पर आराम करते हुए सब अपने आप होते हुए देखें। खुद को कुदरत के बहाव में विलीन करें।

कई बार इंद्रियों में अटकना छोड़कर, परिवर्तन के लिए मन विरोध करता है। जैसे बैठे-बैठे मछलियों को खाने का आनंद लूटनेवाले भूरालाल ने वापस लौटने से इनकार कर दिया, ठीक वैसे ही मन मोबाइल में अटकता है। फिर वापस हृदयस्थान

पर नहीं लौटता या कुछ लोग विदेश जाकर सोचते हैं, 'यहाँ कुछ बातें सीखेंगे, पैसा कमाएँगे, फिर वापस अपने देश लौट जाएँगे।' मगर वे वापसी की उड़ान भूल जाते हैं।

आइए, इस कहानी और बूढ़े पक्षी की सीटी पर गौर करते हैं। हमें धूप से परेशान होकर अथवा दुःख से छुटकारा पाने के लिए या फिर दिन ढलने (उम्र बीतने) के बाद नहीं बल्कि समय पर सजग होना चाहिए। विचार-मंथन करके जीवन में उन्हीं बातों पर ध्यान देना चाहिए, जो मनुष्य देह की उच्चतम संभावना खोले तथा हमें मुक्ति (आज़ादी) की तरफ बढ़ाए।

भूरालाल, आसक्ति का प्रतीक है। नरभक्षी जीवनशैली हमारे लोभ-लालच का प्रतीक है।

इस प्रतीकात्मक कहानी पर गहराई से मनन कर, अपने उच्चतम लक्ष्य को छोटी इच्छाओं से बचाने के लिए सभी को शुभेच्छा।

तात्पर्य : आँखों से दिखनेवाली, इंद्रियों से जानी जानेवाली दुनिया, जीवन का एक छोटा सा हिस्सा है। इसलिए हमें इंद्रियों के पार हृदयस्थान पर आराम करते हुए, अदृश्य दुनिया के लिए तैयार होना चाहिए। अपने भाव, विचार, वाणी तथा क्रिया को कुदरत के साथ तालमेल में रखते हुए, जीवन को सहज भाव से आगे बढ़ने देना चाहिए ताकि हमारा पृथ्वी पर आना सफल हो जाए और हम अपनी मूल आज़ादी को फिर से प्राप्त कर सकें।

अपना मत दर्शाएँ :

- क्या आप नियमित रूप से अपने हृदस्थान (तेजस्थान) पर आराम करने का अभ्यास करते हैं?
- क्या आप इंद्रियों की तृप्ति में बिना अटकें, शरीर को गुफा (ध्यान) में बैठे देख स्वयं को आज़ाद महसूस कर पाते हैं?
- क्या भक्ति की शक्ति पर आपको विश्वास है? अदृश्य दुनिया की बातें आपको हवाई बातें लगती हैं या गहरे इशारे?
- खाइयों में जितना गहरा उतरेंगे, उतना ऊँचाइयों पर पहुँचेंगे, इसका अर्थ लिखित में स्पष्ट करें।

खण्ड 2

आत्मज्ञान के खोजी बनें

उन्नीसवाँ

कौए का ह्रदय परिवर्तन

हंस बनकर आकाश में उड़ने की कला

क्या आपने कभी यह अनुभव किया है कि जब हम किसी चीज़ के पीछे भागते रहते हैं तब वह और आगे बढ़ती है, मगर यदि हम रुक जाएँ तो वह चीज़ भी भागना बंद कर देती है। अकसर इंसान को ऐसे अनुभव आते रहते हैं। कम से कम किसी कुत्ते के साथ खेलते समय कभी आपने यह अनुभव लिया होगा कि जब हम भागते हैं तो कुत्ता भी हमारे पीछे दौड़ता है और यदि हम रुक जाएँ तो वह भी रुक जाता है। जिस प्रकार रास्ते का कुत्ता किसी इंसान या वाहन के पीछे बेमतलब दौड़ता है, उसी प्रकार हम भी जीवन में बिना वजह 'नकली मैं' के पीछे भागते रहते हैं। जब इस भागदौड़ की व्यर्थता हमें पता चलती है, जब अपने अहंकार को बचाते-बचाते हम थक जाते हैं तब 'असली मैं' की खोज शुरू होती है। सही दिशा में की गई खोज हमें अंत में आसमानी सुख, आसमानी आनंद (स्थायी आनंद) प्रदान करती है। हम समय रहते यह कर पाएँ तो जीवन में वंडर्स (चमत्कार) हो सकते हैं। वह कैसे? आइए, इसे एक कहानी से समझते हैं।

एक कौआ था, जिसकी दोस्ती हंस के साथ हुई थी। परंतु कौए के घरवालों ने कहा, 'हंस से ज़्यादा दोस्ती मत करो। वह अपनी कौम का नहीं है इसलिए उससे मिलना-जुलना कम कर दो।'

हंस से दोस्ती करके कौआ समझदार हो चुका था। मगर घरवालों के कहने पर उसने धीरे-धीरे हंस से मिलना-जुलना कम कर दिया। एक दिन कौए को मांस का एक टुकड़ा मिला, जिसे चोंच में पकड़े वह खुशी से उड़ रहा था कि तभी तीन-चार

कौए मांस का टुकड़ा छीनने के लिए उसके पीछे पड़ गए।

कौआ उन्हें चकमा देकर निकलने की कोशिश करने लगा। दूसरों को चकमा देने में वह खुद को माहिर समझता था। तभी कुछ और कौए उस मांस के टुकड़े पर टूट पड़े। देखते ही देखते वह कौआ बहुत सारे कौओं से घिर गया। कौए की हालत खराब हो गई। अब उसे इन कौओं से छुटकारा पाना असंभव सा लगने लगा। असमंजस की स्थिति में वह इधर-उधर भागते हुए अपनी चोंच में दबे मांस के टुकड़े को बचाने की कोशिश करने लगा। परंतु आखिर में वह थक-हारकर रुक गया।

उतने में उसे दूर खड़ा उसका दोस्त हंस दिखाई दिया। उसे देखते ही कौए ने मांस का टुकड़ा छोड़ दिया। मुँह में पकड़े मांस के टुकड़े को छोड़ते ही वह आज़ाद हो गया। हंस को देखते ही कौए में जो हृदय परिवर्तन हुआ, उसके कारण उसने स्वयं को आकाश में उड़ता हुआ पाया। उसके पीछे लगे हुए सारे कौए गायब हो गए और वह खुले आकाश में आनंद से विहार करने लगा। क्योंकि हंस को देखते ही उसने मन ही मन यह घोषणा कर दी कि 'मैं आकाश हूँ, मुक्त हूँ, आज़ाद हूँ।'

प्रस्तुत कहानी में कौआ स्वयं को शरीर और दूसरों से अलग व्यक्तित्व मानकर जीने का तो हंस संपूर्ण गुरु का प्रतीक है। दोस्ती होना गुरु के साथ तालमेल तथा गुरु के प्रति ग्रहणशीलता का प्रतीक है। मांस का टुकड़ा इंसान ने अहंकार की वजह से पकड़ी हुई गलत मान्यताएँ, विकार, स्वार्थयुक्त इच्छाएँ और गलत वृत्तियों को दर्शाता है। कौओं से घिरना यानी जीवन में दुःख, परेशानियाँ और चिंताओं का बढ़ जाना। आकाश इंसान का स्वअनुभव अर्थात संपूर्ण मुक्ति, असली आज़ादी की अवस्था है।

कहानी में हमने यह भी समझा कि जब गुरु से तालमेल बिगड़ जाता है तब जीवन में समस्याओं के पहाड़ खड़े हो जाते हैं। तथा जब गुरु की शिक्षाओं

का, आज्ञाओं का स्मरण कर, उनका पालन होता है तब जीवन के सारे दुःखों, परेशानियों, चिंताओं से तुरंत मुक्ति मिलती है।

अत: आप भी अपनी डायरी में लिखकर मनन करें कि आपने कौन-कौन से मांस के टुकड़े अर्थात गलत मान्यताएँ, विकार, स्वार्थयुक्त इच्छाएँ और गलत वृत्तियों को पकड़कर रखा है। जैसे ही ये बातें प्रकाश में आएँगी तो समझ में आएगा कि इन बातों को पकड़े रहने के कारण ही दुःख, परेशानियाँ और चिंताएँ आपके जीवन में डेरा डालकर बैठ गई हैं। अपने आपसे पूछें, 'क्या अब इन बातों को पकड़े रहने की वाकई आवश्यकता है?' जवाब आएगा, 'नहीं!' फिर अपने आपसे कहें, 'इन बातों से मुक्त होकर जीवन में आगे बढ़ना सुरक्षित है। इसलिए इन्हें मैं पूर्ण रूप से छोड़ता हूँ, मैं मुक्त हूँ, आज़ाद हूँ... जाने दो... जाने दो... जाने दो...।'

समझ के साथ निरंतरता से 'जाने दो' का अभ्यास करते रहें। इससे कुछ ही दिनों में आपको यह दृढ़ता प्राप्त होगी कि आपका शरीर आपके वर्तमान की परिस्थिति, आर्थिक स्तर, आजू-बाजूवाले लोग, सब कुछ जैसा है वैसा ही रहे भली लेकिन अंतर्मन में बैठी गलत मान्यताएँ, विकार, स्वार्थयुक्त इच्छाएँ और वृत्तियों को समझ के साथ 'जाने दो' कहने मात्र से संपूर्ण मुक्ति, असली आज़ादी की अवस्था में स्थित रह पाना सहज है। यह अवस्था ही हमारा मूल स्वभाव है, स्थायी आनंद है। क्या आप इस स्थायी आनंद अर्थात संपूर्ण मुक्ति, असली आज़ादी की अवस्था में स्थापित होकर जीना चाहेंगे?

असल में कौआ बाहर से दिखने में तो काला ही रहा मगर आंतरिक तौर पर उसने अपनी वृत्तियाँ छोड़ने की कला सीख ली थी।

ठीक इसी तरह जब हम भी पकड़े हुए मांस के टुकड़े को यानी 'मैं शरीर हूँ' की मान्यता को, अहंकार को छोड़ देंगे तब हमें भी कौए की तरह आसमानी (स्थायी) सुख प्राप्त होगा। वरना अहंकार या किसी चाहत को पकड़े रहने से माया के घेरे में अटके रहेंगे।

मनन करें कि हमने जो भी पकड़ा हुआ है, क्या वह वाकई पकड़ने लायक है? नहीं न! फिर छोड़ने में दिक्कत क्यों आ रही है? सच्चाई के रास्ते पर चलते-चलते कहीं नया मांस का टुकड़ा तो पकड़ नहीं रखा है? कहीं 'मैं दूसरों से श्रेष्ठ हूँ' यह विचार तो मन ने पकड़ा नहीं है? यदि हाँ तो उसे तुरंत छोड़ दें।

पलभर रुककर, आँखें बंद करके मनन करें कि 'मैंने ऐसा क्या पकड़ा है, जिसके कारण हंस (सत्य) दूर मालूम पड़ता है?' मन के क्षेत्र में जो भी दिख रहा है

उसे छोड़ दें और आज़ाद हो जाएँ। जैसे हंस देखते ही कौए में यूरेका हुआ और वह तुरंत अगले (उच्च) स्तर पर पहुँचा, वैसे हमें भी सब कुछ 'जाने दो' करके अपनी चेतना के स्तर को बढ़ाना है। अर्थात आज़ाद होना है।

कौए की तरह हम भी मन ही मन खुद से कह पाएँ कि 'मैं आकाश हूँ... आज़ाद हूँ... मुक्त हूँ...।' यह मुक्ति अभी, इसी पल महसूस की जा सकती है। क्या आप मुक्ति की एक छोटी झलक महसूस कर पा रहे हैं? क्या यह हलका सा यकीन कर पा रहे हैं कि सच में हम आकाश हैं? ज़रूर इस पर मनन-मंथन करें ताकि जीवन मुक्त हो जाए, आज़ाद हो जाए।

वरना अज्ञान में इंसान अपनी असलियत छिपाकर स्वयं को ही धोखा देता है। जब कोई असलियत को छिपाने की कोशिश करता है तब कुदरत उस पर कार्य नहीं कर पाती है। इसलिए ईमानदारी से मुक्ति की प्रार्थना करनी है और उसे जीवन में प्रकट भी होने देना है। कुदरत को खुलकर अपने जीवन में काम करने का मौका दें। मान्यताएँ, गलत धारणाएँ, अहंकार छोड़ने पर- कुदरत को हम पर काम करने का मौका मिलता है और हम आकाश बनकर आसमानी आनंद ले पाते हैं।

तात्पर्य : माया एवं अहंकार की एक छोटी सी पकड़ भी हमें चेतना के निम्न स्तर पर ले जा सकती है। इसलिए सब कुछ छोड़कर अपने आकाश होने की घोषणा करनी है ताकि हम आज़ादी का आनंद पाएँ और आसमानी बनकर जीएँ।

अपने अहंकार और स्वार्थी इच्छाओं को छोड़कर, गुरु के बताए मार्ग पर चलने से ही जीवन में असली स्वतंत्रता और आंतरिक शांति मिलती है।

जब हम अपनी गलत मान्यताओं और विकारों से छुटकारा पाते हैं तो जीवन में शांति और आकाश जैसी अनंत मुक्ति का अनुभव करते हैं।

अपना मत दर्शाएँ :

- हमें किससे दोस्ती रखनी है?
- हमने जो भी पकड़कर रखा है, क्या वह वाकई पकड़ने लायक है?
- मन ने कहीं 'मैं दूसरों से श्रेष्ठ हूँ' यह तो पकड़ा नहीं है?
- क्या आप आसमानी आनंद एवं आज़ादी पाना चाहते हैं?
- क्या आपको यह यकीन है कि आप आकाश (मुक्त) हैं?

बीसवाँ

दो चेहरोंवाला अनोखा पक्षी

भक्ति में होता है, असाधारण समर्पण

क्या आपने कभी एक ही शरीर पर दो चेहरे देखे हैं, जिनमें से एक अच्छा और दूसरा बुरा हो? आइए, इसे एक उदाहरण से समझते हैं।

एक पक्षी था, जिसका पेट एक था मगर गर्दनें दो थीं। आप सोच सकते हैं कि दो गर्दनों के साथ वह पक्षी कैसे जीता होगा, कैसे खाता होगा? वह कहीं पर भी जाता होगा तो इस असमंजसता में रहता होगा कि दोनों में से किस गर्दन से पहले खाना खाए? उसकी यह हालत देखकर एक नेक इंसान ने उसे बताया, 'अगर आपको दो से एक होना है तो सफल-फल पाना होगा, उसे खाकर आप एक बन जाओगे।' यह जानकर पक्षी सफल-फल की खोज में निकल पड़ा। उड़ते-उड़ते उस पक्षी को एक अनोखा फल दिखाई दिया। पहली गर्दन (चेहरा) जब उस फल को चखती है तब उसे वह मीठा फल बहुत पसंद आता है। वह बड़ी खुशी से उस फल को खाने लगती है। यह देखकर दूसरी गर्दन कहती है, 'रुको, मुझे भी यह फल खाने दो' मगर पहली गर्दन उसकी बात नहीं मानती।

फिर दूसरी गर्दन उसे समझाने की कोशिश करती है, 'देखो हम दोनों का पेट तो एक ही है। फिर मैंने भी खाया तो क्या फर्क पड़ता है? मुझे भी इस फल की मिठास को चखने दो।' दूसरी गर्दन जैसे ही फल की तरफ बढ़ती है, पहली अपनी गर्दन को घुमा लेती है ताकि दूसरी गर्दन फल खा न सके।

अंत में पहली गर्दन कहती है, 'हाँ, हम दोनों का पेट एक ही है परंतु स्वाद भी कोई चीज़ होती है इसलिए इसका स्वाद तो पहले मैं ही चखूँगी। तुम्हें यह फल नहीं दूँगी' और वह उस फल को पूरा खा लेती है।

फिर कुछ समय पश्चात एक पेड़ पर उस पक्षी को ज़हरीला फल दिखाई देता है। दूसरी गर्दन उस ज़हरीले फल को झट से पकड़ लेती है। यह देखकर पहली गर्दन कहती है, 'रुको, इस फल को मत खाओ, यह ज़हरीला है। तुम इसे खाओगी तो हम दोनों मर जाएँगे क्योंकि हमारा पेट एक है।' मगर दूसरी गर्दन कहती है, 'बिलकुल, हमारा पेट एक है पर बदला भी कोई चीज़ होती है।' इस तरह बदले के भाव में दूसरी गर्दन वह ज़हरीला फल खा लेती है। परिणामतः वह पक्षी अपने दोनों गर्दनों के साथ मर जाता है।

बेचारा पक्षी दोनों गर्दनों (चेहरों) को एक करने निकला था मगर उनके बीच की असमंजसता के कारण मृत्यु को प्राप्त हो गया। ऐसी क्या गलती हुई, जिससे उसका जीवन समाप्त हुआ? एक गर्दन अहंकार से ग्रस्त तो दूसरी बदला लेने में आतुर होने की वजह से दोनों ने जीवन जीने का मौका खो दिया।

कहीं इंसान की द्विधा मनःस्थिति भी उन दो चेहरों जैसी तो नहीं है? अपने भाव, विचार, वाणी और क्रिया में एक समानता न होने के कारण कहीं इंसान के भीतर भी असमंजसता तो नहीं है? इन सवालों पर मनन-मंथन करेंगे तो हमें भी अपनी आंतरिक अवस्था ज़रूर स्पष्ट होगी। जो इंसान अपने भाव, विचार, वाणी और क्रिया में एक समान (अखंड) रहता है यानी अपने दो चेहरे नहीं रखता, वह दुविधा से नहीं बल्कि विश्वास और समर्पण से जीता है।

असल में इंसान के अंदर जो चल रहा है, उसे बाहर प्रकट करने के लिए किसी चालाकी की ज़रूरत नहीं होती। मगर जो इंसान सोचता है, 'मैं ऐसे करूँगा तो सामनेवाला ऐसे प्रतिसाद देगा।' ऐसे इच्छित प्रतिसाद के लिए जो चालाकी करता है, वह आज नहीं तो कल दुविधा में फँसता ही है।

कुछ पल रुककर मनन करें, 'सचमुच मैं क्या चाहता हूँ? क्या सच में मैं आत्मसाक्षात्कार (स्टेबिलाइजेशन) चाहता हूँ? क्या असाधारण समर्पण करके, इसी

जन्म में सद्गति प्राप्त करनी है?' इन सवालों के जवाब यदि 'हाँ' है तो हम निश्चित ही श्रद्धा-भक्ति से जी रहे हैं। परंतु यदि हमारे अंदर श्रद्धा, भक्ति नहीं है तो बाकी सब कुछ पास होकर भी परमात्मा के साथ संपूर्ण योग नहीं बन सकता। श्रद्धाभरा जीवन तो एक यज्ञ है। भक्तिपूर्ण जीवन में समस्याएँ भी परमात्मा से योग बनाने के लिए निमित्त साबित होती हैं।

आइए, अंतर्मन को टटोलकर अपनी अवस्था पहचानें और श्रद्धामय एवं भक्तिसंपन्न जीवन को अपनाएँ।

तात्पर्य : अज्ञान में इंसान दो चेहरे लेकर जीता है। परंतु विश्वास-श्रद्धा-भक्ति, समर्पण जगने से जीवन अखंड (भाव, विचार, वाणी और क्रिया में एक समान) बनकर, सद्गति को प्राप्त होता है।

जब किसी के पास कुछ महत्वपूर्ण हो तो उसे आपस में तालमेल और समझदारी से साझा करना चाहिए। अहंकार और बदले की भावना जीवन को नष्ट कर सकती है।

संघर्ष, असमंजस्यता की बजाय सहयोग और सहमति से ही सफलता एवं खुशहाली की ओर बढ़ा जा सकता है।

अपना मत दर्शाएँ :

- आज की तारीख में आप दो चेहरे लेकर जी रहे हैं या एक?
- आपके अंदर किन बातों को लेकर अहंकार जगता है? क्या इस अहंकार को पालने की वाकई आवश्यकता है?
- क्या आपमें बदले की भावना पनपती है? यदि हाँ तो क्यों? उससे मुक्त होने के लिए आप आज से ही कौन से कदम उठाएँगे?
- क्या आप सच में अपने जीवन को यज्ञ बनाना चाहते हैं?
- क्या आप अपने अंदर श्रद्धा-भक्ति को महसूस करते हैं?

इक्कीसवाँ

हाथी हो तो ऐसा

विराट असीम अनंत

एक जंगल था, जिसमें हाथी ही एकमात्र विशालकाय प्राणी था और बाकी सारे प्राणी छोटे-छोटे थे। जैसे खरगोश, हिरन, गिलहरी, शेर और अन्य पशु-पक्षी आदि। इस जंगल में कोई नदी अथवा तालाब नहीं था। इसलिए हाथी ने कभी खुद के विशालकाय शरीर को देखा नहीं था। अपने चारों तरफ छोटे प्राणियों को देखकर हाथी की यह धारणा बन गई थी कि 'मैं भी इन्हीं की तरह छोटा सा हूँ।'

एक दिन हाथी पेड़ के नीचे खड़ा था तभी बारिश होने लगी या यूँ कहें कि कृपा की बारिश होने लगी। पेड़ के नीचे होने के बावजूद हाथी का इतना विशाल काय शरीर बारिश में भीगने से कैसे बच सकता था? उसकी पीठ का कुछ हिस्सा बारिश के पानी से गीला हो गया। जैसे ही हाथी को अपनी पीठ का वह गीला हिस्सा महसूस हुआ, उसे अपने शरीर के बड़े होने का अनुभव हुआ। हाथी को यह विचित्र अनुभव पहली बार हुआ। वह सोचने लगा, 'मैं बाकी प्राणियों की तरह खुद को छोटा मान रहा था लेकिन वैसा हूँ नहीं।' इस विचार के साथ हाथी का जीवन बदलना शुरू हुआ। उसका आत्मविश्वास बढ़ गया। उसके मन में खुद को जानने की जिज्ञासा जगी। वह मन ही मन प्रार्थना करने लगा, 'हे ईश्वर मुझे मेरा पूर्ण साक्षात्कार करा दो।' क्योंकि इस छोटे, अनोखे अनुभव से उसमें स्वयं को जानने की इच्छा बढ़ गई।

कहानी के अगले भाग में जाने से पहले, इस भाग पर प्रकाश डालें। विश्व में कई सारे लोग हैं, जिन्हें थोड़ा-बहुत सत्य का ज्ञान है। उनमें से कुछ लोग ऊँचे

ओहदे पर हैं, बहुत अच्छे से अपनी ज़िम्मेदारी निभा रहे हैं और अपने आपको बड़ा मानकर आत्मविश्वास से जी रहे हैं। वे सभी हाथी जैसा अनुभव ले रहे हैं। हालाँकि उन्हें आत्मसाक्षात्कार नहीं हुआ है लेकिन इतना ज़रूर समझ चुके हैं कि वे सीमित (लिमिटेड) नहीं हैं और अभी उनकी बहुत सी संभावनाएँ खुलनी बाकी हैं। इन्हें भी हाथी की तरह आत्मसाक्षात्कार पाने के लिए प्रार्थना करनी चाहिए ताकि वे खुद के संपूर्ण स्वरूप का दर्शन कर पाएँ।

इंसान खुद को जितना बड़ा मान रहा है, वह उससे कई ज़्यादा विराट है या यूँ कहें असीम, अनंत है। जो भी अच्छी-बुरी घटनाएँ वह महसूस करता है, असल में एक भ्रम है। पूरी फिल्म देखकर सच्चाई सामने आती है। इंटरवल के बाद जो फिल्म है यानी मृत्यु उपरांत जीवन है, उसे जानकर ही वह पूरी फिल्म को समझ पाता है।

यदि हम इस स्थूल देह के रहते ही आत्मसाक्षात्कार पाना चाहते हैं तो हमें उसके लिए प्रार्थना करते रहना चाहिए। मनुष्य ही एकमात्र जीव है, जो अंतिम सत्य प्राप्त कर सकता है, जो दो के परे है। वह शुद्धतम चैतन्य है, जिसका निरंतर प्रार्थना और ध्यान से परिपूर्ण दर्शन करना संभव है। आइए, अब कहानी की ओर बढ़ते हैं।

उस हाथी ने भी निरंतरता से प्रार्थना की, जिससे उसकी स्वदर्शन करने की इच्छा प्रबल हो गई।

रात होते ही हाथी एक गुफा के अंदर चला गया। फिर प्रार्थना करते-करते वह सो गया। परिणामतः सुबह हाथी को आश्चर्य देखने को मिला। सुबह जब वह गुफा के बाहर निकला तब उसे पहला दर्शन हुआ उस तालाब का, जिसे उसने पहले कभी नहीं देखा था। रातभर हुई बारिश की वजह से वहाँ तालाब तैयार हो गया था। जब हाथी उस तालाब के पास पहुँचा तब उसे दूसरा दर्शन हुआ, स्वयं का दर्शन, पूर्ण साक्षात्कार! इस तरह उसे अपनी असलियत का पता चला।

हाथी के लिए तालाब ने आइने का काम किया। वैसे ही हमें भी ध्यान द्वारा स्वयं को जानना है। अर्थात अपने हृदय को पूर्ण रूप से खोलकर, ज्ञान के तालाब में स्वयं का संपूर्ण दर्शन करना है।

आज की तारीख में हम खुद का जितना भी दर्शन कर पा रहे हैं, उसे अंतिम समझकर रुकना नहीं है बल्कि आत्मसाक्षात्कार की प्रार्थना जारी रखनी है। कहानी में दिए इशारों पर मनन-मंथन कर, आपकी आत्मसाक्षात्कार की प्यास बढ़े यही प्रार्थना है। अनंत शुभेच्छा, हैपी थॉट्स।

तात्पर्य : इंसान खुद को मर्यादित समझकर अथवा इच्छित सफलता पाकर रुक सकता है। मगर हमें अपना संपूर्ण साक्षात्कार पाने तक प्रार्थना जारी रखनी है ताकि हम अपना असीम रूप देख पाएँ।

हमें अपनी असली क्षमता और पहचान को जानने के लिए आत्म-निरीक्षण करना चाहिए। जैसे हाथी ने अपने शरीर के आकार को महसूस कर, अपने बारे में नया दृष्टिकोण पाया।

प्रार्थना की शक्ति से हम अपना आत्मविश्वास बढ़ाकर, अपने भीतर छिपी संभावनाओं को उजागर कर सकते हैं।

जीवन में आत्म-ज्ञान की तलाश और उसे जानने की इच्छा से हम अपने उद्देश्य को समझकर सही दिशा में आगे बढ़ सकते हैं।

अपना मत दर्शाएँ :

- आप खुद को लिमिटेड मानते हैं या अनलिमिटेड?
- क्या आपको आत्मसाक्षात्कार पाने की चाहत है?
- क्या आप जानते हैं कि सिर्फ इंसान ही परम चैतन्य का अनुभव कर सकता है?
- क्या आप अपने जीवन की कहानी को सच या झूठ का लेबल लगाए बिना प्रार्थना करने को तैयार हैं?

बाईसवाँ

साँप रूपी माया के पेट से बाहर छलाँग लगाएँ

गुरुकृपा के पात्र बन जाएँ

कल्पना करें, एक विशालकाय साँप है। नज़दीक जाकर देखा तो उसके बड़े शरीर पर कई सारे मुँह हैं। उसके पेट को गौर से देखा तो चमड़ी पर जो डिज़ाइन दिखती है, उसमें छोटी-छोटी आँखें हैं। सब तरफ आँखें ही आँखें देखकर, साँप के अंदर जाकर पता लगाया तो मालूम हुआ कि उसने कई सारे मेंढ़क निगले हैं। वे सारे मेंढ़क साँप के पेट से बाहर झाँक रहे हैं और आँखों के सामने जो कीड़े-मकोड़े एवं कीट-पतंगें इधर-उधर उड़ रहे हैं, उनमें से कौन सा टेस्टी है, यह सोच रहे हैं। उन्हें खाने के लिए ललचा रहे हैं। मेंढ़कों को पता ही नहीं कि वे खुद संकट में हैं, साँप का शिकार बने हैं, साँप के पेट में हैं।

प्रस्तुत उदाहरण में मेंढ़कों के अज्ञान पर आपको हँसी आई होगी। परंतु माया के चपेट में आए इंसान का भी उन मेंढ़कों जैसा ही हाल है। माया के विज्ञापन देख-देखकर वे सोचते रहते हैं कि 'क्या-क्या टेस्टी है, बेस्ट है, उसे पाकर आनंद मिलेगा।' माया दिखाती है, 'फलाँ बिस्किट अथवा

चॉकलेट खाओगे तो स्वर्ग सा आनंद महसूस होगा।' फिर आगे यह भी बताती है कि 'दाँत खराब होंगे तो फलाँ बेहतरीन टूथपेस्ट है' और ऐसिडिटी होगी तो फलाँ असरदार दवाई है...' आदि। ये सारे विज्ञापन बड़े-बड़े बुद्धिमान लोग डिज़ाईन करते हैं, जो ऊँची शिक्षाओं को पूर्ण करके, बड़े पदों पर कार्यरत हैं इसलिए किसी को यह शंका ही नहीं आती कि ये सब बचकानी बातें हैं।

फिर इंसान सोचता है, 'फलाँ-फलाँ खाकर, पहनकर, खरीदकर आनंद मिलेगा और तभी जीवन बढ़िया कहलाएगा।' चूँकि विचार प्रार्थना का रूप लेते हैं, बहुत कुछ तैयार होता है। माया में फँसे लोगों की चाहतों के कारण कंपनियाँ अनेकों चीज़ें बनाती है। मगर हकीकत में यह सब कुछ दिखावा है, भ्रम है।

इंसान को सच्चाई दिखाना आवश्यक है। हमें स्पष्टता से दिख जाए कि आज की तारीख में हम कहाँ पर हैं और क्या सोच रहे हैं। कहीं हम भी साँप के पेट में निगले गए मेंढ़कों की तरह कीड़े, कीट-पतंगों (लुभावने विज्ञापन) देखकर कुछ गलत तो नहीं सोच रहे हैं? कहीं अज्ञान में हमारी चाहत प्रार्थना का रूप तो नहीं ले रही है?

यदि हम माया के मुँह में हैं तो हमें पता चल सकता है कि हम फँस गए हैं। मगर जिन्हें माया निगल चुकी है, उन्हें तो यह पता ही नहीं कि वे कहाँ पर हैं और क्या देख रहे हैं। जो माया के मुँह में आधे जा चुके हैं और आधे बाहर लटक रहे हैं, वे समझ सकते हैं कि क्या चल रहा है। ऐसे में अगर सेल्फी लेकर देखेंगे तो हमें अपने पीछे का साँप दिखेगा और हम तुरंत छलाँग लगाकर आज़ाद हो जाएँगे।

सेल्फी का उद्देश्य ही है हम खुद का दर्शन करें, न कि कितने लाइक्स मिले यह देखें। सेल्फी अर्थात स्वदर्शन ध्यान द्वारा सब ड्रामा (माया का नाटक) देखकर, माया की चपेट से आज़ाद होना ज़रूरी है ताकि हम गुरुकृपा के पात्र बन जाएँ। क्योंकि माया के पेट में फँसे हुए को गुरु पसंद नहीं करते। इसलिए खुद को माया से मुक्त करना आवश्यक है।

माया के मुँह से आज़ाद होने का अनुभव आते ही कृपा महसूस होती है और भजन निकलते हैं। तब एहसास होता है कि समय पर गुरु ने इशारा किया वरना हमें माया निगल ही लेती। माया का तो काम ही है साँप की तरह मेंढ़कों अर्थात मूढ़ चेतना के लोगों को निगलते रहना। वह ऐसे लोगों के एक सेट को पकड़कर रखती है, फिर उसे छोड़कर दूसरे लोगों के सेट को मुँह में लेती है। ऐसा करके माया अरबों लोगों को नचा रही है।

इस माया को हराना है तो सारा फोकस सत्य पर रखना होगा, कृपा के भजन गाते रहने होंगे, कुदरत को धन्यवाद देते रहना होगा। वरना माया का ड्रामा देखकर मन के फँसने की संभावना है। भजन बयान करते हैं कि हम सजगता से जी रहे हैं।

अब सवाल आ सकता है कि जिन्हें माया ने पूरी तरह से निगल लिया है, उनका क्या करें? उनके लिए पुस्तकें बनी हैं, जिन्हें पढ़कर समझ में आता है कि किस तरह से लोग माया से आज़ाद होते आए हैं। ताकि उन्हें भी पठन से प्रेरणा मिले और वे आज़ादी के लिए सोच पाएँ, प्रार्थना कर पाएँ।

इस कहानी पर मनन-मंथन करके सभी अपनी संपूर्ण आज़ादी तक मनन कर पाएँ यही परमात्मा से प्रार्थना है।

तात्पर्य : माया का दर्शन होते ही उसके मुँह से छलाँग लगाकर आज़ाद होना है ताकि हम गुरुकृपा के पात्र बन जाएँ और जो माया के पेट में फँस गए हैं, उनके लिए प्रेरणा बनकर, उन्हें माया से बाहर निकालने की अभिव्यक्ति कर पाएँ।

जो चीज़ बाहर से आकर्षक लगती है, वह हमेशा लाभकारी नहीं होती। अतः बाहरी दिखावे से ज्यादा महत्वपूर्ण अपनी स्थिति और निर्णयों की समझ है ताकि हम संकट से बच सकें।

अपना मत दर्शाएँ :

- क्या आप माया और सत्य का दर्शन स्पष्टता से कर पाते हैं?
- क्या आपको माया की चपेट से छलाँग लगाने के बाद गुरुकृपा महसूस होती है?
- विज्ञापन बनानेवालों के प्रभाव से दिखावटी सत्य आप पर कितना हावी होता है १ से लेकर १० तक आप स्वयं को कहाँ पर पाते हैं? (१ यानी कम, १० यानी बहुत ज्यादा)
- आज की तारीख में आपको आज़ादी से कितना प्रेम हुआ है?
- क्या आप माया के पेट में फँसे लोगों के लिए प्रेरणा बने हैं? यदि नहीं तो क्या बनना चाहेंगे?

तेईसवाँ

हंस चेतना अभिनय

क्रोध में करुणा, एक महान कथा

जंगल में बहुत बड़े पेड़ पर हंसों का झुंड रहता था, जिसमें एक बूढ़ा हंस भी शामिल था। उस पेड़ को लिपटी हुई एक बेल ऊपर की ओर चढ़ रही थी। उसे देखकर बूढ़े हंस ने बाकी हंसों से कहा, 'सभी मिलकर इस बेल को उखाड़ दो' मगर बूढ़े हंस की बात को सभी ने नज़रअंदाज़ किया। सारे हंस मिलकर खेलते, घूमकर शाम में लौटते और 'हाँ-हाँ, कल करेंगे' कहकर सो जाते।

देखते-देखते बेल ऊपर तक पहुँच गई। बूढ़ा हंस जानता था कि किसी दिन बेल के सहारे कोई शिकारी पेड़ पर चढ़ेगा तो सभी हंसों की जान खतरे में पड़ जाएगी और वैसा ही हुआ। एक दिन, एक शिकारी ने उसी बेल के सहारे पेड़ पर चढ़कर जाल बिछाया और सारे हंस उसमें फँस गए। चूँकि उस दिन बूढ़ा हंस कहीं गया हुआ था, वापस लौटने पर उसने सबको जाल में फँसा देखा। बूढ़े हंस को देखकर बाकी हंसों ने 'हमें बचाओ' की गुहार लगाई।

आपको क्या लगता है, बूढ़े ने सबको बचाया होगा? पहले तो उसने सभी को डाँटा, 'तुम सबके साथ ऐसा ही होना चाहिए। बेल उखाड़ने के लिए कहा था परंतु किसी ने नहीं सुनी। आज्ञा में नहीं रहते हो इसलिए अब ऐसे ही मरो।'

बूढ़े हंस को पहली बार इस तरह क्रोधित देखकर सबको आश्चर्य हुआ। सारे हंस बूढ़े से प्रार्थना करने लगे, 'हमें क्षमा करो। कुछ तो करो, हमें बचाओ।' तब बूढ़े हंस ने कहा, 'देखो, अभी मैं जो कहूँगा तुम सभी बिलकुल वैसे ही करना वरना शिकारी के हाथों से बच नहीं पाओगे।' इस पर सभी हंस राज़ी हो गए। आगे बूढ़े ने कहा, 'कल जब शिकारी आएगा तब तुम सब मिलकर ऐसा अभिनय करना, जैसे कि तुम मर चुके हो। तुम्हें मरा समझकर शिकारी जाल से निकाल फेंकेगा। परंतु तुम तुरंत उड़ मत जाना। बस ज़मीन पर पड़े रहना, जैसे समाधि में हो। सभी हंसों को एक-एक करके फेंकने की जो आवाज़ आएगी, उसे गिनते रहना। जैसे ही सौवें हंस के गिरने की आवाज़ आए यानी सबको फेंक दिया जाए, तब सब के सब एक साथ उड़ जाना।'

अगले दिन सभी हंसों ने ठीक वैसे ही किया और सभी एक साथ शिकारी के शिकंजे से आज़ाद हो गए।

जैसे ही शिकारी निराश होकर वहाँ से चला गया, सभी हंसों की खुशी का ठिकाना न रहा। इस घटना के बाद सभी हंस खुशी से रहने लगे। सभी ने हमेशा बूढ़े हंस की आज्ञा में रहने का निश्चय किया।

एक हंस ने बूढ़े हंस से पूछा, 'आपने हमें इतना क्यों डाँटा? हमने तो कभी सोचा ही नहीं था कि आप इस तरह डाँट भी सकते हैं।' तब बूढ़े ने बताया, 'वह मेरा क्रोध नहीं, अभिनय था। अगर मैं नहीं डाँटता तो तुम कोई न कोई गलती कर देते। तुम्हारी ज़रा सी गलती से शिकारी तुम्हारा ढोंग समझ जाता और तुम सबका छूटना मुश्किल हो जाता इसलिए डाँटना ज़रूरी था।' बूढ़े हंस ने अपना नेक कर्म बहुत ही पवित्र इरादे से किया।

गुरु भी हमें ऐसे ही पवित्र इरादे से ध्यान में बैठने के लिए कहते हैं। बिना प्रतिक्रिया दिए, साँसों की गिनती करने के लिए कहते हैं। हमें भी हंसों की तरह आज्ञा पालन का वादा करके, अपने जीवन में बेहतरीन अभिनय करना है ताकि हम मुक्ति (आज़ादी) का आनंद ले पाएँ। हमें अपना हर कर्म अभिनय समझकर करना है, वह भी बिना ऑस्कर अवॉर्ड (फल) की इच्छा रखें क्योंकि अभिनय करते-करते

एक दिन हम अपने मूल-स्वभाव को पाते हैं। अभिनय के अंत में हम परमानंद को पाते हैं या यूँ कहें कि परमहंस बनकर आज़ाद होते हैं।

जैसे फिल्मों में दिखाते हैं कि किसी हवेली के मालिक की संपत्ति को हथियाने के लिए उसी की तरह दिखनेवाले किसी हीरो को अभिनय करने के लिए लाया जाता है। मगर अंत में पता चलता है कि जो अभिनय कर रहा था, वही बचपन में बिछड़ा हुआ उस हवेली का असली वारिस है। उसी तरह हमें भी अभिनय करते-करते अंत में पता चलता है कि परमानंद ही हमारा असली स्वभाव है। हकीकत में हम प्रेम, मौन, आनंद हैं, जिसका हमने बचपन में अनुभव किया है मगर बड़े होने के बाद खुद को शरीर मानकर फँस गए हैं। अब वापस आज़ाद होने के लिए हमें बेहतरीन अभिनय करना है। हंसों की तरह आपके सारे कर्म सफल अभिनय बनें, यही प्रार्थना है।

तात्पर्य : हर दिन आपको अपना हर एक कर्म अभिनय समझकर करना है और गुरु आज्ञा में रहना है ताकि मायाजाल से छूटकर, आप असली आज़ादी को पा सकें, जो आपका मूल स्वभाव है।

समझदारी से निर्णय लेना ज़रूरी है वरना ज़रा सी गलती भी बड़ी परेशानी का कारण बन सकती है।

कभी-कभी बुजुर्गों का क्रोध भी हमारी भलाई के लिए होता है, हमें सही रास्ते पर लाने का प्रिय प्रयास होता है।

किसी की चेतावनी को नजरअंदाज न करें वरना बाद में पछताना पड़ सकता है।

अपना मत दर्शाएँ :

- क्या आप गुरु आज्ञा का महत्त्व समझते हैं?
- क्या आप ध्यान में बिना किसी प्रतिक्रिया के बैठ पाते हैं?
- अपने कर्म को अभिनय क्यों समझना है, क्या इसकी समझ प्राप्त हुई है?
- प्रेम, आनंद, मौन यह हमारा मूल स्वभाव है, क्या इस पर विश्वास है?
- क्या आप बिना ऑस्कर अवॉर्ड की इच्छा रखें अभिनय करने को राज़ी हैं?

चौबीसवाँ

सवाल का जवाब दिया तीन कबूतरों ने
The Knower is knowing

पुराने समय की बात है, जब गुरुकुल प्रथा चलती थी और बच्चे अपने जीवन के शुरुआती पच्चीस साल गुरु के आश्रम में रहकर शिक्षा ग्रहण करते थे।

स्वभावत: सभी बच्चे गुरुजी से बहुत सारे सवाल पूछा करते थे। अकसर गुरुजी कहते, 'जवाब बताएँ कि प्रत्यक्ष करवाएँ?' मतलब कुछ खास प्रयोग करवाकर, गुरुजी बच्चों को सबक सिखाया करते थे। प्रयोग के दौरान कुछ शर्तें रखकर सवाल पूछा जाता था, जिस पर हर तरह से सोच-विचार करवाया जाता था ताकि बच्चा सोच-समझकर अगला कदम उठाना सीख ले।

चूँकि प्रयोग के दौरान कुछ समय रुककर सोचना पड़ता था, जिससे धीरज बढ़ने तथा सबक समझने में भी मदद होती थी।

एक बार गुरुजी ने अपने उन तीन शिष्यों को बुलाया, जिनका सवाल था, 'ईश्वर कहाँ रहता है?' उन्होंने तीनों शिष्यों को एक-एक कबूतर दिया और कहा, 'तुम्हें इसकी गर्दन मरोड़कर, इसे मार देना है। मगर एक शर्त है, यह कार्य किसी ऐसी जगह पर करना, जहाँ तुम्हें कोई भी देख न रहा हो। फिर मरे हुए कबूतर को तुरंत मेरे पास लेकर आना।'

पहला शिष्य आधे घंटे में ही गुरुजी के पास पहुँच गया। उसने नज़दीक के किसी कोने में जाकर कबूतर की गर्दन मरोड़ दी। गुरुजी ने तुरंत अपनी सिद्धि से उस कबूतर को जीवित कर दिया।

दूसरा शिष्य कुछ घंटों बाद वापस लौटा। उसने सोचा, 'गुरुजी ने कहा है तो कुछ गहरी बात ज़रूर होगी। पता नहीं, जहाँ कोई इंसान नहीं वहाँ कोई अदृश्य शक्ति देखती होगी। इसलिए उसने एक गुफा में जाकर कबूतर की गर्दन मरोड़ दी।' गुरुजी ने दूसरे कबूतर को भी जीवित कर दिया।

परंतु जो तीसरा शिष्य था, वह शाम तक नहीं लौटा। उसका इंतज़ार करके कुछ शिष्य उसे ढूँढ़ने निकल पड़े। उतने में वह कबूतर हाथ में लिए आश्रम की तरफ आते हुए दिखाई दिया। आश्रम पहुँचने पर गुरुजी ने उससे पूछा, 'क्या हुआ, कबूतर की गर्दन क्यों नहीं मरोड़ी?'

उस शिष्य ने बताया, 'मैं ऐसी जगह पहुँचा, जहाँ पर कोई नहीं था मगर तब यह कबूतर देख रहा था। फिर मैंने कबूतर की आँखों पर पट्टी बाँध दी। उसकी गर्दन मरोड़ने ही वाला था कि तभी याद आया, मैं खुद तो देख ही रहा हूँ। फिर मैंने अपनी आँखों पर भी पट्टी बाँधकर कबूतर को मारना चाहा लेकिन मुझे महसूस हुआ कि भले ही मेरी आँखों पर पट्टी है मगर मैं अंदर से तो इस घटना को देख रहा हूँ अर्थात जान रहा हूँ। तब मेरा मनन हुआ कि पूरे विश्व में इस कबूतर को लेकर मैं कहीं भी जाऊँ, कोई तो है जो हर पल मेरे अंदर से इस घटना को देख अर्थात जान रहा होगा। अतः क्षमा करें गुरुजी मैं ऐसी जगह ढूँढ़ने में असमर्थ रहा, जहाँ पर कोई नहीं देख रहा है।'

गुरुजी ने कहा, 'यही तुम्हारे सवाल का जवाब है। तुम्हारे अंदर ही प्रतिपल देखनेवाला 'साक्षी' मौजूद है।' इस 'साक्षी' को ही ईश्वर कहा गया है।

क्या हम यह जानते हैं कि हमारे अंदर ही हमारे हर कर्म का साक्षी है?

कहीं मन यह तो नहीं सोचता कि फलाँ बात किसी को पता नहीं है?

क्या यह कहानी पढ़कर अपने अंदर के साक्षी को आप जान पाए हैं?

जैसे उस तीसरे शिष्य को यूरेका हुआ कि हमारे अंदर ही जाननेवाला मौजूद है, वैसे क्या आपको भी उसका अनुभव हुआ है? कहने का तात्पर्य, जिस स्वअनुभव अथवा स्वसाक्षी को हम खोज रहे हैं, वह हमारे ही अंदर है। उसी से जुड़ने का अभ्यास हम ध्यान द्वारा करते हैं।

इस कहानी से एक और बात स्पष्ट होती है कि गुरुकुल में बचपन के पच्चीस साल रहकर जीवन का ज्ञान प्राप्त करना मतलब संसार में जाने से पहले ही अपनी नींव अर्थात चरित्र को मजबूत करना। ताकि जीवन सजगता से जीया जा सके और हम अंतिम लक्ष्य (मोक्ष) तक सहज ही पहुँच पाएँ। सोचनेवाली बात है कि यदि बच्चों को सही उम्र में अंतिम सत्य का ज्ञान तथा लक्ष्य मिल जाए तो जीवन निश्चित रूप से सफलता पाता है।

जैसे संसार में अभिनय करना है, अनासक्त रहकर अपना किरदार बखूबी निभाना है, उचित समय आने पर हर बात को सहजता से छोड़ना भी है और अंततः स्वयं मुक्ति पानी है आदि बातें अगर संसार में जाने से पहले ही स्पष्ट हो जाएँ तो हमारी संसार में कैसी अभिव्यक्ति होगी?

आपको लग रहा होगा कि तब तो हम इतनी गलतियाँ कभी नहीं करते! जी हाँ, यह सच भी है। परंतु आज गुरुकुल प्रथा नहीं है, फिर भी क्या हम अपने बच्चों को बचपन से ही सही आदतें लगा सकते हैं? क्या हम बच्चों की नींव मजबूत करने का महत्त्व समझकर, उनकी ज़िम्मेदारी ले सकते हैं? अगर हाँ तो हम बच्चों को सत्य की राह पर चलने के लिए ज़रूर प्रेरित करें। बच्चों से कहानियों का पठन करवाकर, उनकी विचार प्रक्रिया को दिशा दें। साथ ही उनमें ध्यान की भी आदत डालें। बड़ों को ध्यान में बैठते हुए देखकर बच्चों में अपने आप प्रेरणा जगती है। जैसे गुरुकुल में गुरुजी को देखकर ही बहुत सारी बातें बच्चे सीखते थे।

हमें आनेवाली पीढ़ी के लिए ऐसा माहौल बनाना है, ऐसा आयोजन करना है, जो जीवन शैली में उचित बदलाव लाए और संपूर्ण मनुष्य जाति सत्य के साथ जीवन जीना सीख जाए। आज इंसान की जीवन अवधि देखकर पच्चीस साल तो नहीं मगर कम से कम पंद्रह साल तक तो हमें बच्चों का बड़ी सजगता के साथ पालन-पोषण करना है ताकि वे सत्य की राह पर चलने का निर्णय लें और उनकी आगे की ज़िंदगी सफल हो जाए। कई बार आज के बड़े-बुजुर्गों में भी धीरज नहीं दिखता। आध्यात्मिक यात्रा के दौरान कहीं पर रुकावट उत्पन्न हुई तो वे सोचते हैं, 'यहाँ

जल्दी जवाब नहीं मिल रहा है, चलो कहीं और जाते हैं।' जबकि गुरु हमें अंतिम ज्ञान देने से पहले हमारी पात्रता बढ़ाने में समय लेते हैं। धीरज रखकर ध्यान-धारणा में आगे बढ़ते रहने से एक दिन हम ज़रूर अंतिम लक्ष्य को प्राप्त कर लेंगे। आपको भी एक-एक कदम आगे बढ़ाते हुए अंतिम सत्य अर्थात स्वअनुभव को प्राप्त करना है। इस प्रार्थना के साथ अनंत शुभेच्छा।

तात्पर्य : इंसान कहीं पर भी जाए, उसके अंदर का साक्षी सदैव उसके कर्मों की गवाही देता है। इसलिए ध्यान द्वारा अपने अंदर बसे स्वसाक्षी को जागृत करके, उससे जुड़ने का अभ्यास जारी रखें ताकि इसी जीवन में मोक्ष प्राप्त हो पाए।

ध्यान द्वारा हम अपने भीतर के स्वसाक्षी से जुड़कर, अपने जीवन की वास्तविकता को समझ सकते हैं।

साक्षी का मतलब सिर्फ देखना नहीं बल्कि यह हमारी आंतरिक जागरूकता और समझ को दर्शाता है। यह वह तत्व है जो हमें अपने कर्मों और उनके परिणामों के प्रति जिम्मेदार बनाता है।

जैसे तीसरे शिष्य ने अपनी आंतरिक आवाज सुनकर, गहरे आत्मविश्लेषण के बाद सही निर्णय लिया, वैसे ही हमें अपने भीतर की आवाज सुनकर, अपने कर्मों के प्रति सजग रहने का अभ्यास करना चाहिए।

अपना मत दर्शाएँ :

- क्या आप बचपन से बनी सकारात्मक और नकारात्मक आदतों के परिणामों से भली-भाँति परिचित हैं?
- क्या आपने अपने अंदर बसे साक्षी का अनुभव किया है?
- क्या आप ध्यान द्वारा स्वअनुभव में स्थापित रहने का नियमित अभ्यास करते हैं?
- 'आँखों पर पट्टी बाँधने या छिपाने से कर्म छिपते हैं', इस पर आप कितना विश्वास करते हैं?
- क्या आप अपने जीवन से बच्चों को सत्य की राह पर चलने के लिए प्रेरित करते हैं?

पच्चीसवाँ

मृत चीते की शक्ति

एक अधूरी कहानी, आज पूरी पढ़ लें

बात तब की है जब गुरुकुल प्रथा चलती थी। चार मित्र जो कई सालों से शिक्षा ग्रहण कर रहे थे, आश्रम से छुट्टियों के लिए घर जा रहे थे। एक जंगल से गुज़रते समय उन्हें कई हड्डियाँ एक साथ बिखरी हुईं दिखाई दीं। उन्होंने देखते ही पहचान लिया कि ये हड्डियाँ काफी समय पहले मरे हुए चीते की हैं।

चूँकि उन चारों ने कुछ समय पूर्व ही सिद्धियों का अभ्यास पूर्ण किया था इसलिए उनमें से पहले मित्र ने कहा, 'मैं अपनी सिद्धि द्वारा इन हड्डियों से वापस चीते का पूरा कंकाल (ढाँचा) बना सकता हूँ।' इस पर दूसरे ने कहा, 'मैं उसमें रक्त, रस, मांस, मज्जा, मेध, शुक्र, त्वचा बनाकर चीता तैयार कर सकता हूँ।'

तीसरे ने तुरंत कहा, 'मैं उस शरीर में साँस फूँककर जान डाल सकता हूँ।'

तभी चौथे ने कहा, 'रुको, गुरुजी ने हमें सिद्धियों के इस्तेमाल से कुदरत का उल्लंघन न करने के लिए बताया है।' मगर तीनों मित्र अपनी

सिद्धियों का प्रयोग करने के लिए इतने उत्सुक थे कि उन्होंने चौथे की बात नहीं मानी। चौथे मित्र की बातों को नज़रअंदाज करके उन्होंने अपना सिद्धि प्रयोग शुरू कर दिया। यह देखकर चौथे मित्र ने भी अपनी सिद्धि का उपयोग शुरू किया। उसकी सिद्धि थी 'रफ्तार', उसने तेज़ी से वृक्षों की टहनियाँ तोड़कर इकट्ठा की और एक बड़े से पेड़ पर मचान (बैठने की जगह) बनाई। तेज़ गति से अलग-अलग पेड़ों के फल तोड़कर मचान पर जमा किए। क्योंकि उसे अंदेशा था कि जब चीता जीवित होगा तब उन पर हमला कर सकता है। इसीलिए स्वयं तथा अपने मित्रों को बचाने हेतु वह तैयारी कर रहा था।

इधर तीन मित्रों ने चीते को बनाकर उसमें प्राण फूँक दिए। जैसे ही चीता जीवित हुआ, वह भूख का एहसास करते ही हिंसक हो उठा। चौथे मित्र ने धुरंधर गेंदबाज़ से भी ज़्यादा तेजी से चीते की तरफ फल फेंकने शुरू किए। लगातार होनेवाली फलों की मार से चीता वहाँ से भाग गया। इस तरह तीन मित्र, चीते का शिकार बनने से बच गए। तीनों ने अपने चौथे मित्र को बहुत धन्यवाद दिए और मूर्खता में किए प्रयोग के लिए अफसोस भी जताया। फिर चारों अपने-अपने घर पहुँचे।

छुट्टियाँ खत्म करके जब वे उसी रास्ते से वापस आश्रम जा रहे थे तब उन्होंने देखा कि जंगल के सारे जीव कमज़ोर हो चुके थे और सभी प्राणी धीमी गति से चल-फिर रहे थे। उन्होंने तुरंत निरीक्षण, परीक्षण करके जाना कि उनके द्वारा बनाए गए कृत्रिम (मैन मेड) चीते को कोई रोग हुआ था और उसके संक्रमण की वजह से सभी जानवरों की हालत बिगड़ चुकी थी।

चूँकि उन्होंने गुरुकुल में आयुर्वेद का भी ज्ञान प्राप्त किया था इसलिए तुरंत जंगल जाकर वे कुछ जड़ी-बूटियाँ ढूँढ़कर ले आए। चौथे ने रफ्तार से उनसे एक खास दवाई बनाई और नज़दीक के तालाब में डाल दी। जंगल के सारे प्राणी उसी तालाब से पानी पीते थे। जैसे ही प्राणियों ने तालाब का पानी पीना शुरू किया, वे स्वस्थ होने लगे। परंतु जैसे ही चीते ने तालाब का पानी पिया, उसमें मिली दवा के कारण वह मर गया। फिर चारों मित्र खुशी से आश्रम चले गए।

आपको भी जानकर खुशी हुई होगी कि आखिर सिद्धियों से बना वह चीता मर गया, जो पूरे जंगल में संक्रमण फैला रहा था। परंतु महत्वपूर्ण बात यह है कि इस खुशी के साथ आपने कौन से सबक सीखे?

यह कहानी मुख्यतः चार सबक सिखाती हैं, जिन्हें आत्मसात करके अपने जीवन में चौमुखी अर्थात चौतरफा विकास होना निश्चित है।

आप जानते हैं, हम पृथ्वी पर अपने सबक सीखने आए हैं और हरेक के सबक अलग-अलग हैं। परंतु क्या आपको पता है उनमें से पहला सबक जो है, वह सबके लिए है? जी हाँ!

पहला सबक

असल में कुदरत हमें कदम-कदम पर धीरज सिखा रही है मगर रोज़मर्रा के जीवन में हम भाग-दौड़भरा जीवन जी रहे हैं। याद रहे, विज्ञान कितनी भी प्रगति कर ले परंतु वह कुदरत से ताकतवर नहीं हो सकता।

उदाहरणार्थ कोई गर्भवती स्त्री अपनी करोड़ों की संपत्ति या उच्च पदवी का उपयोग करके भी नौ महीनों के बजाय नौ दिन में बच्चा पैदा नहीं कर सकती। वैसे भी यदि बच्चा समय से पहले पैदा हुआ तो किसी न किसी तरह उसकी कीमत चुकानी पड़ती है। जैसे उन तीन मित्रों ने अधीर होकर चीते को जीवित किया और बाद में पछताए। इसलिए आज से ही धीरज को धारण करने का संकल्प लें ताकि जीवन में पछताने की नौबत ही न आए।

दूसरा सबक

अकसर इंसान अपने पास शक्ति के आने पर उसका उपयोग करने हेतु उत्सुक होता है। फिर चाहे वह धन, पद, अधिकार अथवा सिद्धि की शक्ति क्यों न हो। जब भी शक्ति का प्रयोग अधीरतावश और कुदरत के संतुलन में बाधा डालनेवाला होता है तब उसका विपरीत परिणाम दूर तक फैलता है। जैसे उन मित्रों ने शक्तियों का गलत इस्तेमाल करके कृत्रिम चीते में प्राण फूँक दिए, जिसका बुरा असर जंगल के सभी प्राणियों पर हुआ। हालाँकि उन चार मित्रों को अपनी जान बचने पर खुशी हुई परंतु वापस लौटते समय जंगल में उन्हें अपने किए का बड़ा दुष्परिणाम भी दिखाई दिया।

इंसान ने भी आज विज्ञान और टेक्नोलॉजी के बल पर प्लास्टिक जैसी कई वस्तुएँ बनाई हैं, जिनका दूरगामी परिणाम खतरनाक साबित होते हुए दिख रहा है। इसलिए यह ठान लें कि शक्तियों का उपयोग सही दिशा में और विकास हेतु करना है।

तीसरा सबक

तीसरा सबक है रफ्तार, जो धीरज का विपरीत पहलू दर्शाता है। रफ्तार का इस्तेमाल सही समय और सही जगह पर हो तो यह कल्याणकारी साबित होता है। जैसे चौथे मित्र ने रफ्तार से फल फेंककर चीते को भगाया और जड़ी-बूटियों से दवाई

बनाकर सभी प्राणियों को जीवन दान दिया। अर्थात रफ्तार को कब इस्तेमाल करना है, यह समझ अत्यंत महत्वपूर्ण है।

उदाहरणार्थ, हमारे भाव-विचारों की स्पीड इतनी ज़्यादा होती है कि उन्हें एक-एक कर देखना और 'लेट गो' करना यानी जाने देना बड़ा कठिन लगता है। मगर हर दिन के रियाज़ (प्रैक्टिस) से वह भी सहज हो जाता है। रियाज़ से पॉज (रुकना) और स्पीड (रफ्तार) के संतुलन पर मास्टरी मिलती है। फिर शरीर में उठनेवाली संवेदनाओं, विचारों तथा भावनाओं को साक्षीभाव से देखना आसान होता है तथा मन के परे मौजूद मौन का अनुभव होता है।

जैसे सबसे ज़्यादा रफ्तारवाले चीते को भी चौथे मित्र ने फलों से मारकर भगाया, वैसे ही हम भी अपने मन को गिरा सकते हैं। जब अंतर्मन से घोषणा निकलती है कि 'मैं शरीर नहीं बल्कि स्व-साक्षी हूँ' तब मन की पसंद-नापसंद (लाइक-डिसलाइक) का खेल मिटता है और स्वअनुभव पर स्थापित होना सहज होता है। इसलिए आइए, रियाज़ से रफ्तार का उचित उपयोग करने का सबक भी अंतर्मन तक उतारते हैं।

चौथा और आखिरी सबक

आज इंसान ने न सिर्फ प्लास्टिक, डिजिटल कचरे जैसा प्रदूषण फैलाया है बल्कि प्राणी तथा वनस्पतियों की अनेक संकरित प्रजातियाँ बनाकर भी कुदरत की प्रक्रिया में हस्तक्षेप किया है। इसी वजह से आज की पीढ़ी विभिन्न स्वादिष्ट और लज्जतदार पदार्थ खाकर, अपनी प्रतिकार क्षमता को कमज़ोर कर रही है। आज के दौर में बचपन से ही दवाई का अधिक उपयोग होने लगा है इसलिए औषधि को जीवन की आवश्यक ज़रूरतों में गिना जा रहा है। अगर इंसान को दवा मुक्त जीना है तो निसर्ग के नियमों से ताल-मेल रखना अनिवार्य है। इसलिए आयुर्वेद तथा निसर्ग उपचार की मदद से स्वास्थ्य प्राप्त करना ज़रूरी है, न कि दवाओं से बीमारी को ज़बरदस्ती दुरुस्त करना है। इंसान न सिर्फ दवाई से शरीर पर ज़ोर-ज़बरदस्ती करता है बल्कि रिश्तों में जीवन साथी तक पाने में अपनी अनावश्यक ताकत लगाता है। जो रिश्ते कुदरतन बनते हैं, वे ही अंत तक लाभदायक सिद्ध होते हैं। मतलब जीवन के हर पहलू में कुदरत से ताल-मेल ज़रूरी है।

इसलिए आइए, मन में यह भी पक्का करते हैं कि कुदरत के नियमों का पालन करके जीवन सफल बनाएँगे ताकि कुदरत से हमारा सदैव ताल-मेल बना रहे। आपके यह चारों संकल्प पूर्ण हों, इस प्रार्थना के साथ धन्यवाद।

तात्पर्य : आध्यात्मिक जीवन में जब सिद्धियों का पड़ाव आए तब उसके प्रयोग से बचकर कुदरत के साथ ताल-मेल बनाए रखना है ताकि जीवन सहज मोक्ष तक पहुँच जाए।

प्रकृति के संतुलन को समझें और उसे बिना किसी कारण के विकृत करने से बचें।

जब हमें अपनी गलती का एहसास हो तो उसे स्वीकार कर और सुधार कर आगे बढ़ना चाहिए।

टीम में जब बिना क्रेडिट, कपट और कलाबाजी के काम होता तो किसी भी समस्या का समाधान आसानी से मिलता है।

अपना मत दर्शाएँ :

- क्या आप अपनी शक्ति का प्रयोग, धीरज रखकर उचित समय पर कर पाते हैं?
- क्या आप अपने रिश्तों को सहजता से जी पाते हैं?
- आप अपने जीवन में नैसर्गिक पदार्थों का चुनाव करते हैं या कृत्रिम?
- क्या आप तुरंत परिणाम लानेवाले पेन किलर्स (दवाई) खाकर, शरीर को आराम देते हैं?
- आपने इस कहानी से और क्या-क्या सीखा?

छब्बीसवाँ

लोमड़ी नहीं, शेर बनें
आराम सीमा से बाहर निकलें

एक भिक्षु जंगल से कहीं जा रहा था। राह में उसने एक अपाहिज लोमड़ी देखी, जिसकी पिछली दोनों टाँगें कटने के कारण बेचारी चल-फिर नहीं पा रही थी। उसे पेड़ के नीचे पड़ी हुई देखकर भिक्षु को दया आई। 'ईश्वर ने लोमड़ी के साथ ऐसा क्यों किया?' वह यह सोच ही रहा था कि तभी शेर के गरज़ने की आवाज़ आई इसलिए वह डरकर पेड़ पर चढ़ गया।

फिर उसने देखा कि मुँह में शिकार दबोचकर एक शेर वहाँ आया। उसने मांस का एक टुकड़ा लोमड़ी के सामने डाल दिया और बाकी खुद खा गया। भिक्षु को यह देखकर बहुत आश्चर्य हुआ कि शेर ने लोमड़ी को मारा नहीं बल्कि उसके लिए खाना लेकर आया। भिक्षु लोमड़ी के जीवन का निरीक्षण करना चाहता था इसलिए पेड़ पर ही बैठा रहा।

दूसरे दिन भी शेर उसी समय पर शिकार लेकर आया और लोमड़ी के सामने मांस का कुछ

हिस्सा डाल दिया। यह चमत्कार देखकर भिक्षु बहुत खुश हुआ। उसे विश्वास हुआ कि ईश्वर सबके खाने की व्यवस्था करता है। फिर उसने भी एक पेड़ के नीचे साफ-सुथरी जगह देखी और 'ईश्वर मुझे भी खाना पहुँचाएगा', यह सोचकर साधना करने बैठा। पूरा दिन बीत गया परंतु खाना नहीं आया। दो-तीन दिन बीते मगर ईश्वर ने उस तक खाना नहीं पहुँचाया। यह देख उसका विश्वास डगमगाने लगा। भूख के मारे ध्यान में भी मन नहीं लग रहा था इसलिए वह परेशान हो गया।

उसी समय वहाँ से एक महात्मा गुज़र रहे थे। उन्होंने भिक्षु से पूछा, 'क्या हुआ, आप परेशान दिख रहे हैं?' तब भिक्षु ने सारी कहानी बताई। उस पर महात्मा बोलें, 'ईश्वर आपको बताना चाहता है कि **'आप लोमड़ी नहीं, शेर बनें।** अपाहिज लोमड़ी की नकल क्यों कर रहे हैं?' यह सुनकर भिक्षु को यूरेका हुआ। उसे सोचने का सही तरीका और ईश्वरीय दृष्टिकोण पता चला। वह समझ गया कि 'मैं अपाहिज नहीं बल्कि स्वस्थ हूँ।' ईश्वर का संकेत कुछ और था और अज्ञानवश उसने कुछ और ही मान लिया था।

देखें, कहीं हम भी तो यह गलती नहीं कर रहे हैं? हम घटना को मन की पुरानी विचारधारा से देखते हैं या ईश्वरीय अर्थात समझ की दृष्टि से? स्वस्थ होकर भी कहीं हम आराम-सीमा-क्षेत्र में तो नहीं अटके हुए हैं? राहत पाकर सुस्ती को तो बढ़ावा नहीं दे रहे हैं? साधना के नाम पर सुस्ती में तो नहीं पड़े हुए हैं? लोमड़ी तो नहीं बन बैठे हैं?

ईश्वर हमें शेर बनाना चाहता है, वह भी सर्कस का नहीं बल्कि जंगल का। वरना सर्कस का शेर तो गोल-गोल घूमकर कुछ करतब दिखाता है और जाकर पिंजरे में आराम करता है।

इस कहानी में एक और समझ छिपी हुई है। अध्यात्म के नाम पर कुछ लोग ठीक इसी तरह आराम से यानी निष्क्रिय या निरुपयोगी जीवन जीते हैं, जिस कारण अध्यात्म बदनाम होता है। फिर लोग कहते-फिरते हैं कि 'अध्यात्म में जाने से इंसान निठल्ला हो जाता है... कामकाज नहीं करता...' आदि। जबकि अध्यात्म इंसान को अधिक ऊर्जावान, ज़िम्मेदार बनाने के लिए है, न कि सुस्त। असली अध्यात्म इंसान को शेर की तरह आज़ादी से जीना सिखाता है। जिस तरह शेर को जंगल में बारिश, तूफान, धूप आदि का डर नहीं लगता और वह जंगल का राजा बनकर जीता है, उसी तरह हमें भी खतरों से डरना नहीं बल्कि उनसे गुज़रकर, स्वयं की ताकत पहचानकर, राजा बनकर जीना है। कठिनाइयों का सामना करके ही हमारी आंतरिक शक्ति प्रकट होती है इसलिए आराम सीमा को तोड़कर आगे बढ़ना है। अपना संपूर्ण विकास करने के लिए खुलकर जीना है।

कुछ लोग सोचते रहते हैं, 'अभी बैंक बैलेंस इतना है, फिर भविष्य कैसा होगा?' मगर सच्चे साधक को न भविष्य की चिंता करनी है, न ही ईश्वर के भरोसे बैठकर सुस्त बनना है। उसे सही दृष्टिकोण से ईश्वरीय संकेतों को समझना है। दूसरों से उम्मीद रखकर जीना यानी लोमड़ी जैसा अपाहिज बनना है। अपनी ज़रूरत पूर्ण करके राहत पाकर बैठना यानी सर्कस का शेर बनना है और खतरों का सामना करके भी किसी से लेने की नहीं बल्कि देने की ताकत रखना अर्थात जंगल का शेर बनकर आज़ाद जीवन जीना है। आज़ाद शेर बननेवाला दृष्टिकोण आपमें भी फलित हो, इस शुभेच्छा के साथ धन्यवाद।

तात्पर्य : आध्यात्मिक जीवन में राहत मिलने पर रुकना नहीं है बल्कि आगे बढ़ते रहना है। शरीर में संपूर्ण ताकत का संचार हो, हम भी जंगल के शेर की तरह (राजा बनकर) आज़ाद जीवन जी पाएँ।

किसी चीज़ को समझने में हमारी अज्ञानता हमें गलत रास्ते पर ले जा सकती है। सही दृष्टिकोण अपनाना ज़रूरी है।

दूसरों की नकल करने से बेहतर है कि हम अपने अंदर की क्षमता को पहचानें और अपने जीवन को सकारात्मक दिशा में विकसित करें।

ईश्वर से मिलनेवाले संकेतों को सही तरीके से समझने के लिए जागरूकता और सही सोच की आवश्यकता है।

अपना मत दर्शाएँ :

- क्या आप साधना के नाम पर अपने आलस को बढ़ावा दे रहे हैं?
- क्या आप ईश्वरीय संकेत को सही नज़रिए से डिकोड कर पाते हैं?
- आज की तारीख में आप खुद को क्या मानकर जी रहे हैं? लोमड़ी, सर्कस का शेर या जंगल का शेर?
- आपको देना पसंद है या लेते रहना?
- आपने आज तक कौन सी परिस्थितियों में अपनी आराम सीमा तोड़ी है?

सत्ताईसवाँ

तोता नहीं, चातक बनें

कैज़ाद – कैद में भी आज़ाद कैसे रहें

एक पक्षी घर (Bird house) में बहुत सारे पिंजरे थे और हरेक में कई पक्षी रखे गए थे। उनमें से एक पक्षी सबसे भिन्न था। पिंजरे से सभी पक्षी एक-दूसरे के साथ बातचीत भी करते थे। तब एक अलग-थलग रहनेवाला पक्षी बीच-बीच में पिंजरे की सलाखों को पकड़कर आसमान की तरफ देखता रहता और पिंजरे की छत को चोंच मारता रहता। उसकी इन आदतों के कारण बाकी पक्षी उसे पागल कहते थे। ऐसे कई सालों तक चलता रहा। एक दिन उस छत में सुई की नोक जितना पतला छेद हो गया।

एक दिन जब पहली बारिश हुई तब उस छेद से पानी की एक बूँद टपकी, जो सीधी उस पक्षी की चोंच में आ गिरी। जैसे ही उसने उस पानी की बूँद को चखा, सब कुछ बदल गया। उसकी प्यास बुझ गई। उसका पूरी तरह से रूपांतरण हो गया। वह कैज़ाद अर्थात पिंजरे में कैद रहकर भी आज़ाद जीवन जीने लग गया। क्योंकि अब वह सच्चा आनंद पाकर संतुष्ट हो गया था। सबसे महत्वपूर्ण बात, उसे स्वयं की पहचान हो गई। उसने जाना कि वह तोता नहीं बल्कि चातक है।

चातक एक ऐसा पक्षी है, जो सिर्फ बारिश का शुद्ध पानी पीकर ही जीता है। स्वभावतः इस चमत्कारी रूपांतरण के बाद उसका बरताव पूरी तरह से बदल गया। अब वह खुशी से आस-पास के पक्षियों से कहता, '**आप असल में कौन हैं, यह पहले जानो। महाआसमानी बूँद को पिंजरे में आने दो।**'

यह सुनकर अन्य पक्षियों को क्या लगता था, इसे समझने से पहले आइए, हम खुद से कुछ महत्वपूर्ण सवाल पूछें। जैसे-

'क्या हम शरीर हैं या शरीर सिर्फ एक पिंजरा है?

हमारी असली पहचान तोता (मन की बड़बड़) है या चातक (शुद्ध अस्तित्व)?

पक्षी का पिंजरे की छत में छेद बनाना, कहीं हमारे शरीर में तीसरी यानी ज्ञान की आँख खोलने का इशारा तो नहीं?

छेद से टपकनेवाली बारिश की बूँद को पीना यानी ज्ञान को प्राप्त करना तो नहीं?

कहीं ज्ञान की आँख खोलकर स्वयं का रूपांतरण करना तो हमारा लक्ष्य नहीं है?

कहीं पक्षी के सच्चे आनंद का अर्थ 'सत्-चित्-आनंद' की संतुष्ट अवस्था तो नहीं?'

इन सवालों पर मनन करते-करते हम भी रूपांतरित हो सकते हैं। हर सवाल एक छोटा आय ओपनर (ज्ञान की आँख खोलनेवाला साधन) है। छोटी-छोटी समझ के साथ आगे बढ़ने से एक दिन हमें अपने मूल स्वरूप की पहचान हो जाएगी। पता नहीं कब यूरेका हो जाए क्योंकि **हमारा शरीर एक अनमोल तिजोरी है।** मगर ऐसा यूरेका तभी संभव है, जब हमसे पुरानी आदतों को मिटाकर नई आदतों को आत्मसात करने का निरंतर प्रयास होगा। जैसे पक्षी ने सालों तक चोंच मार-मारकर छोटा छेद बनाया था, जिससे बूँद के टपकने से बड़ा चमत्कार हुआ। वैसे ही इंसान के जीवन में भी उसके द्वारा उठाए गए छोटे-छोटे कदम, एक दिन बड़ा लक्ष्य हासिल करवाते हैं। इसके लिए लगातार प्रयास करना आवश्यक है। चातक पक्षी की तरह हम भी लगातार प्रयास कर सकते हैं।

कुछ ही लोग अपना प्रयास निरंतरता से जारी रखकर, लक्ष्य तक सहजता से पहुँच पाते हैं। ज़्यादातर लोग विज्ञापनों के प्रभाव में आकर लक्ष्य के विपरीत जीते हैं, विज्ञापनों द्वारा हो रही लगातार बौछार के कारण अपने लक्ष्य से भटक जाते हैं।

जैसे- 'फलाँ चीज़ खाओगे तो स्वर्ग सा आनंद मिलेगा... ऐसे मेकअप करोगे तो रूप निखरेगा... यूँ कपड़ों में चमक आएगी...' आदि बातें बड़े-बड़े फिल्म स्टार्स द्वारा बताए जाने से लोग प्रभावित होते हैं। यहाँ तक कि पढ़े-लिखे लोग भी ऐसा खाना खाते हैं, जो सेहत के लिए बेहद हानिकारक होता है। असल में कानून के नियमों से खुद को बचाने के लिए कंपनियों द्वारा पैकेट्स पर कुछ सूचनाएँ दी गई होती हैं। मगर छोटे अक्षरों में लिखी ऐसी सूचनाएँ विज्ञापनों में कभी दिखाई नहीं जातीं। कुछ सजग लोगों को छोड़कर बाकियों को इन सूचनाओं का कभी पता भी नहीं चलता इसलिए वे विज्ञापन अनुसार चीज़ें खरीदते रहते हैं।

यदि हमें असली लक्ष्य तक पहुँचकर खुद की असली पहचान पानी है तो विज्ञापनों के बहकावे में आने से स्वयं को रोकना ज़रूरी है। पलभर रुककर (पॉज़ लेकर) स्वयं से पूछें, 'क्या यही सब करके पृथ्वी से जाना है? कौन सी अतियाँ हमें भ्रमित करती हैं? हम अंदर खाली-खाली, बुझे-बुझे से महसूस करते हैं या आनंद से भरे होते हैं? हम असल में क्या पाना चाहते हैं?'

अकसर अंदर से भरा हुआ इंसान आनंद बाँटना चाहता है परंतु अंदर से खाली इंसान दूसरों से छीनकर ही चीज़ों को हासिल करने में लगा रहता है। असली लक्ष्य पता न होने के कारण कई लोग गलत आदतों को अपनाते हैं। किन आदतों को मिटाकर हमें कौन से लक्ष्य तक पहुँचना है, यह स्पष्ट होने पर मन आसानी से नया और योग्य चुनाव करता है। निरंतर प्रयास से हर बदलाव संभव है। पुरानी आदतों को तोड़ना उतना ही आसान है, जितना कंप्यूटर में नया सॉफ्टवेयर डालकर एक्टिवेट (सक्रिय) करना और पुराने को डिलीट करना।

आज तक की अपनी आदतों पर गौर करेंगे तो हम खुद को समझ पाएँगे। जैसे प्रेरणादाई चुनिंदा किताबें पढ़ना, शुद्ध मन से प्रार्थना तथा सत्य का श्रवण करना आदि छोटी परंतु अच्छी आदतों के कारण हमने आज तक आनंद ही पाया है। इसलिए छोटे-छोटे कदम उठाकर निरंतरता से नई आदतों पर कार्य करना आवश्यक है ताकि एक दिन अंतिम यूरेका प्रकट हो जाए।

सबसे आखिरी यूरेका है, अनुभव से यह जानना कि 'हम शरीर नहीं बल्कि शुद्ध चैतन्य हैं।' जैसे लगातार प्रयास करके चातक ने अपने असली स्वरूप को जाना, वैसे ही हमें भी अपने शुद्ध चैतन्य स्वरूप को जानना है ताकि जीवन संतुष्टि से भर जाए।

अंततः यह समझें कि रूपांतरण (तीसरी आँख) का आयोजन शरीर में हो चुका है, हमें सिर्फ उसे महसूस करने की कला आत्मसात करनी है। श्रद्धा से प्रिय प्रयास करके महाआसमानी परमज्ञान को प्राप्त करना है। लोग चाहे पागल कहें, हमें

अपने लक्ष्य पर डटे रहना है। अपने शरीर में रहते हुए ही आज़ादी का अनुभव करने तथा परम आनंद से भरने का लक्ष्य रखकर आगे बढ़ते रहना है।

जब 'मैं शरीर नहीं बल्कि शुद्ध चैतन्य हूँ', इस समझ से हम जीते हैं तब निश्चित ही हमारा आनंदभरा बरताव दूसरों में भी बदलाव लाता है। जैसे कहानी के अन्य पक्षियों के साथ हुआ। फिर तो पक्षियों की चहचहाट कानों में अमृत रस घोलती है।

पृथ्वी पर सभी अपने असली स्वरूप को जान पाएँ और सच्चा स्वर्ग प्रकट हो जाए, इस प्रार्थना के साथ धन्यवाद।

तात्पर्य : इंसान का शरीर अनमोल है। वह यदि उच्चतम ज्ञान प्राप्त करे तो न सिर्फ एक जीवन चमत्कारिक रूप से बदलकर शुद्ध बनेगा बल्कि वह अन्य लोगों को भी प्रेरित करेगा।

बाहरी परिस्थितियाँ भले ही हमें बाँधकर रख सकती हैं लेकिन आंतरिक ज्ञान और समझ हमें मानसिक स्वतंत्रता दे सकती है।

जैसे चातक पक्षी ने बारिश की बूँद से सच्चे आनंद की प्राप्ति की, वैसे ही हमें भी जीवन के शुद्ध अनुभवों में सच्चा सुख मिल सकता है।

कभी-कभी हमें किसी विशेष घटना या अनुभव का इंतजार करना पड़ता है, जो हमारे जीवन को नई दिशा दे सके।

बाहरी दुनिया की सोच और राय से अलग, अपनी असली पहचान और उद्देश्य को पहचानना महत्वपूर्ण है।

अपना मत दर्शाएँ :

- आपकी कौन सी आदतों ने आपको लक्ष्य तक पहुँचने में मदद की है?
- लक्ष्य प्राप्ति के लिए आपको अपनी कौन सी आदतें तोड़ने की आवश्यकता है और क्यों?
- कोई पागल कहेगा, इस विचार से बचने के लिए आप क्या-क्या चुनाव करते रहते हैं?
- क्या आप ज्ञान की तीसरी आँख का मतलब समझते हैं?
- क्या रूपांतरण के लिए आप निरंतर प्रयास करने के लिए राज़ी हैं?

अट्ठाईसवाँ

हाथी और लोमड़ी में फर्क

राजाओं की सवारी का निर्माण करो, धीरज धरो

जंगल में एक हथिनी की दोस्ती लोमड़ी से हुई। दोनों ही गर्भवती थीं और एक साथ कहीं जा रही थीं। आपसी बातचीत में सफर कब पूर्ण हुआ, दोनों को पता ही नहीं चला। सफर खत्म होने पर 'फलाँ जंगल में फिर मिलेंगे' कहकर दोनों जुदा हुईं।

एक महीने बाद जब फिर से वे एक-दूसरे से मिलीं तब लोमड़ी ने हथिनी से पूछा, 'मुझे दो बच्चे हुए, तुम्हें क्या हुआ?' हथिनी ने जवाब दिया, 'कुछ नहीं।' फिर वे अपने-अपने रास्ते से जंगल में चली गईं।

कुछ महीनों के बाद दूसरी बार मिलने पर लोमड़ी ने हथिनी से वापस वही सवाल किया, 'तुम्हें कुछ हुआ? मुझे और दो बच्चे हो गए।' परंतु हथिनी ने इस बार भी वही जवाब दिया, 'कुछ नहीं।' फिर दोनों ने विदा ली।

तीसरी बार मिलने पर लोमड़ी ने हथिनी से हँसकर फिर से पूछा, 'कुछ हुआ तुम्हारा? मेरे तो और दो बच्चे हुए।' तब भी हथिनी ने कहा, 'कुछ नहीं।'

जब लोमड़ी चौथी और आखिरी बार हथिनी से मिली तब उसने मज़ाक उड़ाते हुए कहा, 'तुम्हारा यह गर्भ फेक (झूठा) है, तुम ख्वाहमख्वाह कह रही हो कि तुम गर्भवती हो।' इस पर हथिनी ने कहा, 'मैं किसी लोमड़ी को नहीं बल्कि हाथी को पैदा करने जा रही हूँ, जिस पर बड़े-बड़े राजा-महाराजा सवार होनेवाले हैं।' हथिनी का ऐसा लाजवाब जवाब सुनकर लोमड़ी निरुत्तर हो गई।

दरअसल, हथिनी को बच्चा पैदा करने के लिए लगभग २२ महीने लगते हैं। २२ महीने तक हथिनी बच्चे को अपने पेट में रखती है तब जाकर हाथी पैदा होता है। जिस पर शिवाजी महाराज़, महाराणा प्रताप, पृथ्वीराज़ चौहान जैसे अनगिनत महारथियों ने सवारी की।

कहानी पढ़कर हमें भी यह विचार आया होगा कि 'हमारा जीवन भी हथिनी जैसा शानदार बने और हमारे बच्चे बड़े पराक्रमी साबित हों।' मगर इंसान का जन्म हाथी से भी ज़्यादा अनमोल है क्योंकि इंसान एकमात्र ऐसा प्राणी है, जिसे मोक्ष का ज्ञान और स्व का अनुभव प्राप्त हो सकता है। मोक्ष पाने के लिए आप जो अलग-अलग कहानियाँ पढ़कर विचार मंथन करते हैं, यह बहुत ही अनमोल कार्य है। मोक्ष जैसे उच्चतम लक्ष्य पर कार्य करने के लिए सचमुच बड़े ही धीरज की ज़रूरत होती है। स्वअनुभव में स्थापित होने (स्टैबिलाइज़ेशन) का लक्ष्य हासिल करना निश्चित ही असाधारण है क्योंकि मोक्ष प्राप्ति में न सिर्फ स्वयं का बल्कि संपूर्ण विश्व का कल्याण भी समाया हुआ है। परंतु ऐसे कल्याणकारी कार्य करनेवालों का भी कुछ लोगों द्वारा मज़ाक उड़ाया जाता है।

आस-पास चल रही दुनिया से ध्यान हटाकर, जब हम स्वयं पर फोकस करते हैं तब जिस तरह लोमड़ी ने हथिनी का मज़ाक उड़ाया, उसी तरह लोग पूछते हैं, 'क्या हुआ तुम्हारा? कभी कुछ होगा भी या फेक बातें करते हो?' आदि। लेकिन हमें ऐसी बातों को नज़रअंदाज कर देना है क्योंकि हमारा लक्ष्य लोगों की बातों पर ध्यान देना नहीं बल्कि मोक्ष प्राप्त करना है। इसी पृथ्वी पर, इसी देह में, चेतना के सातवें स्तर पर खुद को स्थापित करना कोई साधारण कार्य नहीं है। इसके लिए धीरज रखकर, निरंतर आगे बढ़ने की आवश्यकता है। लोग चाहे कुछ भी कहें, हमें अपने कार्य पर डटे रहना है ताकि हम अंतिम सत्य में स्टैबिलाइज़ हो जाएँ।

कुदरत ने क्वांटिटी (मात्रा) और क्वॉलिटी (गुणवत्ता) में बहुत ही सुंदर रिश्ता बनाया है। जब भी किसी चीज़ की मात्रा बढ़ती है तब उसकी गुणवत्ता घटती है। इसलिए हम कितनी गतिविधियाँ करते हैं, इससे अधिक महत्वपूर्ण है कि चेतना के कौन से स्तर से करते हैं? वरना जैसे लोमड़ी ने कम समय में आठ-दस बच्चे पैदा किए और उसे लगा कि 'मैं बहुत कुछ कर रही हूँ', वैसे लोगों को भी लगता है और वे ध्यान साधना का मज़ाक उड़ाते हैं। मगर हमें इन बातों से प्रभावित नहीं होना है बल्कि ध्यान में मगन रहकर, अपनी चेतना के स्तर को बढ़ाना है। अर्थात लोगों से ध्यान हटाकर स्वयं के नवनिर्माण पर, मोक्ष पर फोकस करना है।

हमें लोमड़ी जैसे नहीं बल्कि हथिनी जैसे उच्च गुणवत्तावाले बच्चे का निर्माण करना है। अर्थात स्वअनुभव में स्थापित होकर, उच्चतम विकसित समाज (महानिर्वाण निर्माण) का कार्य करना है। जिस तरह हथिनी सिर्फ 'कुछ नहीं' कहती रही, वैसे हमें भी 'कुछ नही' बनकर मौन में रहने की कला आत्मसात करनी है। यहाँ 'कुछ नहीं' का कार्य यानी मेडिटेशन (ध्यान) करना है। मौन तथा ध्यान के बाद निकली हुई वाणी सामनेवाले पर गहरा असर करती है। जैसे हथिनी की वाणी से लोमड़ी चुप हो गई।

हथिनी से और एक महत्वपूर्ण सबक सीखना है- हमें भी अपनी संतान का पालन-पोषण हथिनी की तरह धीरज से करना है ताकि आनेवाली पीढ़ी सहजता से संपूर्ण सफलता के शिखर पर पहुँच पाएँ।

माँ के विचार तथा उसकी विश्वासवाणी गर्भस्थ शिशु पर इतना गहरा असर करती है कि उसका सारा जीवन ही पलट सकता है। इसलिए अपने शब्दों द्वारा न सिर्फ गलत शक्तियों को रोकना है बल्कि अपनी संतान को सकारात्मक शक्ति भी देनी है। हाथी की तरह आपका और आपके बच्चों का जीवन शक्तिशाली बने, इस प्रार्थना के साथ धन्यवाद।

तात्पर्य : हर इंसान का, इंसानी जीवन का उच्चतम लक्ष्य मोक्ष प्राप्ति है। जिसे हासिल करने के लिए धीरज के साथ निरंतर मौन-मनन-पठन-ध्यान-साधना करना आवश्यक है। फिर चाहे लोग मज़ाक उड़ाएँ, फिर भी हमें अपने लक्ष्य पर डटे रहना है ताकि महानिर्वाण निर्माण का कार्य जल्द हो पाए।

दूसरों की सफलता और विकास की गति को नहीं आँकना चाहिए। हर किसी की यात्रा अलग होती है इसलिए किसी के संघर्ष या प्रक्रिया को समझे बिना त्वरित

निष्कर्ष पर नहीं पहुँचना चाहिए। हथिनी का जवाब इस बात का प्रतीक है कि सही समय पर बड़े परिणाम मिलते हैं, भले ही वह देर से आ रहे हों तब भी।

अपना मत दर्शाएँ :

- स्टैबिलाइज़ेशन अर्थात अंतिम सत्य में स्थापित होने के लिए क्या आप स्वयं पर धीरज से कार्य कर पाते हैं?
- जब लोग मज़ाक उड़ाते हैं तब क्या आप मौन रह पाते हैं? आपका धीरज कब-कब छूटता है?
- कार्य की संख्या और गुणवत्ता, इनमें से कौन सी बात ज़्यादा महत्वपूर्ण है?
- हथिनी जैसे धीरज रखना यानी कुदरत को 'हाँ' कहना है, इस पर आपको कितना यकीन है?
- इस कहानी से और कौन सी सीख आपको मिली, इस पर मनन करें।

उनतीसवाँ

खूँखार शेर से कैसे बचे शिकारी

चुनाव किसका करें– शहद का या समस्या से छुटकारा पाने का

एक बार एक शिकारी घने जंगल से घर लौट रहा था। रास्ते में उसे किसी खूँखार शेर की दहाड़ सुनाई दी। उससे जान बचाने के चक्कर में वह भागते-भागते पहाड़ी से नीचे खाई में जा गिरा। गिरते-गिरते उसने एक पेड़ की डाल को पकड़ लिया। अब उसकी हालत ऐसी है कि अगर वह वापस पहाड़ के ऊपर चढ़ेगा तो शेर उसे खा जाएगा और खाई में गिरेगा तो भी अपनी जान से हाथ धो बैठेगा। कहानी में एक और मोड़ (ट्विस्ट) आया। हुआ यूँ कि उसने जिस डाल को पकड़ रखा था, उसे एक काला और एक सफेद चूहा कुतर रहे थे। और तो और उसी पेड़ पर लगे एक मधुमक्खी के छत्ते से शहद भी टपक रहा था। ऐसी स्थिति में यदि वह शिकारी थोड़ा भी हिलता तो छत्ते से टपकनेवाला शहद सीधा उसके मुँह में गिरता।

अब वह बार-बार मुँह में शहद लेने की कोशिश में लगा हुआ था। जब तक उसके मुँह में शहद की अगली बूँद टपके तब तक वह अपने शरीर को शहद का स्वाद पाने की स्थिति

के अनुरूप बनाने का भरसक प्रयास कर रहा था। वह यह बिलकुल भूल ही गया कि उसे वर्तमान की डरावनी परिस्थिति से बचकर निकलना है। इसके बजाय वह नकली सुख की चाहत में फँसा रहा।

कहानी के शिकारी की हालत पर आपको तरस आ रहा होगा और उसकी मूर्खता भी दिखाई दे रही होगी। मगर हकीकत यह है कि कई बार हम भी उस इंसान की तरह गलतियाँ करते हैं। जीवन की समस्या का पूरा दर्शन करने की बजाय नकली आनंद में फँसे रहते हैं। जबकि होना यह चाहिए कि मन को झूठी तृप्ति से बाहर निकालने हेतु कोई नया उपाय ढूँढ़ें या सही कदम उठाया जाए। मगर उसके लिए स्वयं से सही सवाल पूछकर खुद को होश में लाना, बार-बार स्वयं को अपना मूल लक्ष्य याद दिलाना और सही चुनाव करना अत्यंत आवश्यक है। वरना असली लक्ष्य भूलकर, क्षणिक सुख में अटकना और शहद की एक-एक बूँद चखने (माया में ही रहने) का प्रयास मज़ेदार लगता है।

असल में जब हम जागृत रहने का प्रयास करते हैं तब कुछ ज़्यादा ही समस्याएँ दिखती हैं। पुरानी समस्याएँ खत्म हुई नहीं कि नई समस्या सामने दिखने लगती है तो मन में बेचैनी महसूस होती है। अज्ञानी मन बेचैनी का सामना करने की बजाय खुद को फिर से बेहोश रखकर राहत दिलाता रहता है, 'छोड़ दो, आगे देखेंगे!' यह सोचकर वह समस्या को नज़रअंदाज़ करके झूठी तृप्ति में अटक जाता है।

परंतु असलियत यह है कि बेचैनी को महसूस करते हुए, उसकी जड़ तक पहुँचने से सच्चाई का साफ दर्शन होता है। बेचैन करनेवाली भावनाओं तथा विचारों को साक्षी बनकर देखने से सच्चा आनंद प्राप्त होता है। वरना बेचैनी आई नहीं कि इंसान का मन किसी न किसी बहाने खुद को और उलझाने की गलती करता है। जैसे कि बेचैनी भगाने के लिए मोबाइल देखना, शॉपिंग करना इत्यादि। जिस तरह बेहोशी का इंजेक्शन देने पर मरीज़ राहत पाता है, उसी तरह मन बेहोशी में ही रहना पसंद करे तो बेहोशी की आदत पड़ जाती है। सिर पर मौत खड़ी हो तो भी अज्ञान और आदतवश इंसान शहद चखने जैसी ही मूर्खता करने का चुनाव करता है।

यहाँ शहद यानी माया, जो क्षणिक झूठे आनंद का प्रतीक है।

काला और सफेद चूहा, रात और दिन का प्रतीक है।

पेड़ की डाल यानी हमारा जीवनकाल। होश न होने के कारण व्यर्थ बीतनेवाले दिन और रातें।

माया में उलझकर बरबाद होते हुए, खुद की अवस्था को देखने के लिए होश अत्यंत आवश्यक है। इंसान, शेर (चुनौती) अथवा खाई (असफलता) के डर के बावजूद भी नया तरीका ढूँढ़कर मुक्त हो सकता है।

जैसे कि मधुमक्खी के छत्ते पर प्रहार करके शेर को भगाया जा सकता है। ऐसे नए विकल्प दिखने अनिवार्य हैं। ईमानदारी से खुद को सही सवाल पूछने की आदत इसके लिए मददगार साबित होती है।

उदाहरणार्थ- 'बेचैनी ज़्यादा से ज़्यादा क्या करेगी? क्या हमें अपना लक्ष्य याद है? क्या हमारा चुनाव सच्चाई की तरफ बढ़ने में मदद कर रहा है?' आदि सवालों से खुद को जागृत करना महत्वपूर्ण साधना है। होश से ही समस्या को सुलझाया तथा लक्ष्य को हासिल किया जा सकता है। साक्षी भाव ही सच्चाई का दर्शन करवाता है। इसलिए क्षणिक प्राप्त होनेवाली झूठी तृप्ति नहीं बल्कि समस्या का सामना करते समय थोड़ी सी कोशिश करके उठनेवाली बेचैनी से गुज़रकर असली आनंद पाना है।

बेचैनी के द्वारा अंतर्मन कुछ बातें बाहर निकालता है, जिनका स्पष्ट दर्शन करके ही अंदर की सच्ची तृप्ति महसूस होती है। अतः संपूर्ण होश और सच्चा आनंद पाने के लिए अर्ध बेहोशीवाली अवस्था से गुज़रना तथा खुद को बार-बार याद दिलाकर लक्ष्य के प्रति जागृत रहने का चुनाव करना है। यदि मन समस्या एवं बेचैनी का सामना करना भूल जाए तो अंतिम लक्ष्य प्राप्ति तक खुद को होश में रखने का दृढ़ संकल्प करें ताकि दृष्टाभाव और मुक्ति लक्ष्य सहज संभव हो जाए।

आपका हर चुनाव आपको लक्ष्य प्राप्ति (मोक्ष) की तरफ ले जाए, इसी प्रार्थना के साथ धन्यवाद।

तात्पर्य : बुरे से बुरे हालातों में भी यदि मन की बेचैनी का स्पष्ट दर्शन किया जाए तो नए विचार आते हैं, जिनकी मदद से खुद को मुक्त करना सहज होता है और सच्चा आनंद मिलता है।

यह कहानी हमें सिखाती है कि वर्तमान की समस्याओं को प्राथमिकता देनी चाहिए और असली खतरे से बचने के लिए सजग रहना चाहिए।

जब हम अपनी ज़िंदगी में असली संकट से जूझ रहे होते हैं तो हमें भ्रमित करनेवाले असली सुखों का पीछा नहीं करना चाहिए। वरना यही गलती कभी-कभी हमें बड़ी मुसीबत में डाल सकती है।

बिना जल्दबाजी या भ्रमित हुए हमेशा धैर्य के साथ अपनी परेशानियों का हल ढूँढ़ना चाहिए। संतुलित दृष्टिकोण हमें मुश्किलों से निकलने में मदद करता है।

अपना मत दर्शाएँ :

- आपके जीवन में ऐसे कौन-कौन से झूठे आनंद हैं, जिनके कारण आपका जीवनकाल व्यर्थता में बीत रहा है?
- आप समस्या एवं बेचैनी से छुटकारा पाने के लिए माया का चुनाव करते हैं या उस समय खुद की अवस्था का दर्शन करते हैं?
- माया अथवा झूठे आनंद से लौटकर अपने आप पर जाते ही नए विचार आते हैं, ऐसा एक अनुभव लिखें।
- खुद को हर रोज़ लक्ष्य की तरफ बढ़ाने के लिए आप कौन से चुनाव करते हैं?
- बेचैनी एवं अर्ध बेहोशी से गुज़रकर असली तृप्ति मिलती है, इस पर आपका कितना विश्वास है?

तीसवाँ

कछुआ और खरगोश की दौड़

प्रतियोगिता की नई कहानी

बचपन से आपने कछुए और खरगोश में लगी दौड़ प्रतियोगिता की कहानी सुनी या पढ़ी होगी। जी हाँ, यह वही कहानी है, जिसमें खरगोश को खुद की तेज गति पर अहंकार था, जिस कारण वह बीच रास्ते में ही पेड़ के नीचे सो जाता है। दूसरी ओर कछुआ धीरज के साथ प्रयास करते हुए निरंतरता पूर्वक चलता रहता है और अंत में प्रतियोगिता जीत जाता है। नैतिक कहानियों में से यह एक महत्वपूर्ण कहानी बच्चों को धीरज और निरंतरता सिखाने के लिए लंबे समय तक काम आई है। परंतु बदलते जमाने के साथ हम सभी को बदलना ज़रूरी है।

आज के रफ्तारभरे जीवन में आखिर कब तक हम कछुआ बनकर टिक पाएँगे? परिवर्तन के साथ परिवर्तित होने में ही हम सबकी भलाई है। वह कैसे? आइए, समझते हैं।

अध्यात्म में अकसर बताया जाता है किसी भी कहानी का तुरंत अनुमान नहीं लगाना चाहिए। क्योंकि चेतना के अलग-अलग स्तर पर एक ही कहानी के अर्थ बदलते जाते हैं। समझ के दायरे के अनुसार जीवन का अर्थ भी बदलता जाता है। कुछ ऐसा ही कछुए और खरगोश की कहानी में भी हुआ। इसलिए अब हम इस कहानी को एक नए नज़रिए से, नए परिवर्तन के साथ जाननेवाले हैं।

होता यूँ है कि खरगोश प्रतियोगिता में दौड़ते-दौड़ते रास्ते में कहीं पर सो जाता है और कछुआ उससे आगे चला जाता है। जब खरगोश नींद से जागता है तब उसे अपनी गलती का एहसास होता है और वह तुरंत तेजी से दौड़ना शुरू करता है।

इस बार अपनी तेज रफ्तार को वरदान बनाते हुए वह इस कदर दौड़ता है कि कुछ ही समय में कछुए के नज़दीक पहुँचता है। मगर आश्चर्य की बात यह होती है कि नज़दीक पहुँचते ही कछुए की चमकदार पीठ पर खरगोश को अपनी छवि (इमेज) दिखाई देती है। जैसे कि एक पॉलिश्ड सरफेस, जो आइने की तरह काम कर रही थी। पहली बार अपने आपको देखकर खरगोश बड़ा आनंदित होता है। इससे पहले उसने कभी भी खुद का चेहरा देखा नहीं था। इसलिए वह खुशी के मारे कछुए के और नज़दीक जाता है। वह खुद के चेहरे को और निहारना चाहता है मगर कछुआ अपनी टाँगों से उसकी गर्दन पकड़ लेता है।

परंतु खरगोश कुछ नहीं कर पाता। उसे अपने अति आत्मविश्वास और घमंड का फल मिलता है। कछुए की टाँगों में जकड़े जाने के कारण खरगोश की रफ्तार समाप्त हो जाती है, उसका तेज गायब हो जाता है। वह प्रतियोगिता हार जाता है क्योंकि जैसे ही कछुआ प्रतियोगिता रेखा के पास पहुँचता है, वह खरगोश को लात मारकर दूर फेंक देता है और खुद रेखा पार करके जीत जाता है। खरगोश बहुत दुःखी होता है परंतु कहानी यहाँ पर खत्म नहीं होती। खरगोश सोचता है अगले साल ज़रूर जीतूँगा।

दूसरे साल फिर से उन दोनों के बीच दौड़ प्रतियोगिता आयोजित होती है। इस साल भी वही होता है। अब कछुए को खरगोश की कमज़ोरी पता चल चुकी थी। इसलिए जैसे ही खरगोश नज़दीक पहुँचता है, कछुआ फिर से अपनी टाँगों से उसकी गर्दन पकड़ लेता है। खरगोश के साथ हर साल ऐसा होता रहा और वह हमेशा

सोचता, 'इस साल या आनेवाले नए साल में मुझे दौड़ प्रतियोगिता जीतनी ही है।' मगर हर साल खरगोश हार जाता। ऐसे दो-तीन साल नहीं बल्कि पूरे पंद्रह साल खरगोश को असफलता का सामना करना पड़ा। उसकी जीतने की प्यास तो बढ़ती गई मगर लगातार असफल होने के कारण वह आत्मग्लानि से भर गया।

आखिर उसने तय किया कि 'क्यों न गुरु का मार्गदर्शन लिया जाए।' यह विचार आना भी एक कृपा है और यह कृपा प्यास बढ़ने के कारण होती है। जी हाँ, जब भी किसी चीज़ की प्यास शिखर पर पहुँचती है, कुदरत उसके लिए नया रास्ता खोलती है। या यूँ कहें कि निरंतर बरसनेवाली कृपा को ग्रहण करने के लिए प्यास द्वारा हमारी ही पात्रता बढ़ती है और सही रास्ता दिखाई देता है।

गुरुजी के पास पहुँचकर, खरगोश अपनी सारी कहानी ईमानदारी से सुनाता है। गुरुजी उसे विस्तार से समझाते हैं कि मूल भूल कहाँ हो रही है। किस तरह कछुए के नज़दीक जाते ही उसकी टाँगें तुम्हें पकड़ लेती हैं। जिस कारण तुम्हारा ध्यान लक्ष्य से भटक जाता है और असफलता मिलती है।

आगे गुरुजी बताते हैं, 'कछुए के नज़दीक जाकर तुम अपने आपको देखने लगते हो, यह कमज़ोरी कछुए ने जान ली है इसलिए वह तुम्हें उसी समय पकड़ लेता है। हालाँकि कछुए की टाँगों में मज़बूती नहीं है, जो तुम्हें पकड़कर रखें। मगर तुम्हारी बेहोशी के कारण तुम अटक जाते हो। यदि तुम्हें जीतना है तो सबसे पहले सजग रहना होगा ताकि कछुए की टाँगें तुम्हें पकड़ ही न पाएँ। और यदि पकड़ भी लें तो तुम्हें समझदारी से काम लेकर उन टाँगों को तोड़ना होगा। सजग होकर प्रयास करोगे तो बड़ी सहजता से खुद को कछुए की जकड़न से आज़ाद कर प्रतियोगिता जीत पाओगे।'

गुरुजी से मार्गदशन पाकर खरगोश का आत्मविश्वास बढ़ जाता है। इस बार वह बड़ी तैयारी के साथ दौड़ प्रतियोगिता में पहुँचता है। अब जैसे ही वह कछुए के नज़दीक पहुँचता है, कछुआ उसकी गर्दन पकड़े, उससे पहले ही छलाँग लगाकर वह कछुए की पीठ पर सवार हो जाता है। फिर प्रतियोगिता रेखा के नज़दीक पहुँचते ही कछुए की पीठ से छलाँग लगाकर अंतिम रेखा को पार कर लेता है। इस तरह खरगोश आखिर दौड़ प्रतियोगिता जीत जाता है।

यहाँ थोड़ा गौर करें तो जानेंगे कि मंद गति के बावजूद निरंतर प्रयास से, हम अपने लक्ष्य तक निश्चित ही पहुँचते हैं, यह कछुआ सिखाता है। वैसे ही छोटे से

मोह में अटककर तेज रफ्तार के बावजूद असफल हो सकते हैं, यह खरगोश बताता है। इसलिए हमें सजगतापूर्वक अपनी कुदरतन मिली प्रतिभा को पहचानकर, सही उपयोग करने की कला सीखनी ज़रूरी है।

क्या खरगोश की तरह हम भी गलती करते हैं? घमंड और अति आत्मविश्वास (लापरवाही) के चक्कर में कछुए की टाँगों में खुद को जकड़ने देते हैं। असल में यहाँ कछुआ तोलूमन (तुलना-तोलना करनेवाले मन) का प्रतीक है, जो हमेशा खुद को सबसे अलग मानकर दूसरों से तुलना करता है। इस मन की वृत्तियाँ हमें कछुए की टाँगों की तरह पकड़ती हैं और हम लक्ष्य से भटक जाते हैं। फिर संसाररूपी माया का जाल हमारी कमज़ोरी को पकड़ता है और हमें लक्ष्य से हटाने में सक्षम बनता है। हकीकत पता चलने पर हमें मालूम होता है कि मन और माया, दोनों हमसे बहुत ही कमज़ोर हैं। यह तो हमारा अज्ञान है कि हम अति आत्मविश्वास या आत्मग्लानि के कारण जीत नहीं पाते। जबकि सजग होकर जीतना संभव होता है।

परंतु किस तरह माया को कमज़ोर बनाना है, सजग रहकर सामनेवाले की कौन सी चाल चलने से पहले सावधान होना है इत्यादि का ज्ञान पाने के लिए गुरु के मार्गदर्शन की आवश्यकता होती है। उसी से हमें अपने अंदर बसी शक्तियों का परिचय होता है और हम हारी हुई बाजी भी जीत में बदल देते हैं।

यदि आप भी अपनी ज़िंदगी की बाजी पलटना चाहते हैं तो ज़रूर किसी सच्चे गुरु से ज्ञान प्राप्त करें। और यदि उच्चतम लक्ष्य यानी मोक्ष पाना चाहते हैं तब तो ज़रूर गुरु को अपनी कहानी ईमानदारी से बताकर, उनसे सही मार्गदर्शन लें ताकि न सिर्फ जीवन की गतिविधियों में बल्कि मोक्ष प्राप्ति तक के सफर में भी जीत प्राप्त कर पाएँ।

तात्पर्य : इंसान का मन कमज़ोर है, वह अपनी वृत्तियों में पकड़ने की कितनी भी कोशिश करे, यदि हम सजग रहें तो मन पर जीत पाकर; जीवन को सफल बना सकते हैं। इसके लिए सच्चे गुरु के मार्गदर्शन की आवश्यकता है ताकि मन अपनी चाल चलने से पहले ही, हम सही कदम उठा पाएँ।

सफलता पाने के लिए हमेशा सजग और सतर्क रहना ज़रूरी है। हमें परिस्थिति को ठीक से समझकर उसी के अनुसार कदम उठाने चाहिए।

जब हमें किसी समस्या का समाधान नहीं मिल पाता तो एक सच्चे गुरु का मार्गदर्शन हमारे जीवन को सही दिशा दिखा सकता है।

अपनी कमज़ोरियों को पहचानकर, उन्हें सुधारने के प्रयास से ही हम अपने लक्ष्य को प्राप्त कर सकते हैं।

अपना मत दर्शाएँ :

- क्या आपको कहानी में आया परिवर्तन पसंद आया? कौन सा मोड़ पसंद आया, यह लिखें।
- क्या गुरु के मार्गदर्शन के बिना खरगोश सफल हो सकता था? अपने शब्दों में लिखें।
- अपने जीवन की किसी असफलता को सफलता में परिवर्तित करने के लिए आप क्या करनेवाले हैं, यह लिखें।
- आपको क्या लगता है, निरंतरता महत्वपूर्ण है या रफ्तार? या दोनों?
- जीवन में गुरु का महत्त्व क्यों है, इस पर पाँच पंक्तियाँ लिखें।

इकतीसवाँ

शेर के भेस में चूहा
एक रूहानी कहानी

किसी साधु की कुटिया में एक चूहा आता-जाता रहता था। यह बात साधु से छिपी नहीं थी। एक दिन साधु ध्यान में बैठा था कि तभी चूहे की हड़बड़ी से भागने की आहट हुई। साधु ने जब आँखें खोलकर देखा तब पता चला कि चूहे के पीछे एक बिल्ली पड़ी हुई है। यह देख साधु के मन में चूहे के प्रति करुणा जागी और उसने चूहे को आशीर्वाद दिया, 'तुम बिल्ला बन जाओ।' परिणामतः वह चूहा तुरंत बिल्ला बन गया।

अचानक से प्रकट हुआ बिल्ला देखकर, चूहे को पकड़ने आई बिल्ली वहाँ से भाग गई। तब बिल्ला बना चूहा बड़ा खुश हुआ। उसने साधु को धन्यवाद दिए और अब वह बिल्ला बनकर मजे से घूमने लगा।

चूहे को बिल्ले में रूपांतरित होने की घटना को साधु के एक शिष्य ने देखा था। इसलिए जब भी वह बिल्ला वहाँ से गुज़रता, शिष्य कहता, 'मुझे मालूम है कि तू तो चूहा है।' यह सुनकर बिल्ले को बहुत दुःख होता था।

फिर किसी दिन एक कुत्ता उस बिल्ले के पीछे पड़ गया। इस बार भी साधु ने दया की और उसे पिल्ला (कुत्ता) बना दिया। उसे देखकर पीछे पड़ा कुत्ता भाग गया। चूहे से बिल्ला और बिल्ले से पिल्ला बनकर अब चूहा और ज़्यादा खुश हो गया।

फिर एक बार जब साधु की कुटिया के नज़दीक से गुज़रता चीता, उस कुत्ते के पीछे पड़ा तब साधु ने जल छिड़ककर कुत्ते को शेर बना दिया। शेर को देखते ही

चीता वहाँ से भाग गया। अब वह चूहा, शेर बनकर आस-पास घूमने लगा। परंतु गाँव के लोग उसे यहाँ-वहाँ घूमते देखकर डरने लगे।

चूँकि साधु के शिष्य को शेर की हकीकत पता थी इसलिए वह उस शेर को साथ लेकर, सामान लेने के लिए गाँव में दुकानों पर चला जाता। लोग यह देखकर भयभीत होकर कहते, 'शेर से बड़ा डर लगता है।' तब शिष्य कहता, 'अरे! आपको मालूम नहीं, यह तो चूहा है।'

इस तरह पूरे गाँव में बात फैल गई। फिर तो लोग मज़ा लेने के लिए शेर को पत्थर मारने लगे और 'ए तू तो चूहा है' कहकर चिढ़ाने लगे। यह सुनकर चूहा बना शेर बड़ा दुःखी होता। उसे यह समझ में नहीं आ रहा था कि वह सच में शेर है और उसी तरह का बर्ताव कर सकता है।

एक दिन परेशान होकर शेर ने सोचा, 'ये सब उस साधु की वजह से हुआ है इसलिए अब मैं उसे ही मार देता हूँ।' यह सोचकर वह कुटिया के बाहर जा पहुँचा। तभी ध्यान में बैठे साधु ने आँखें खोलकर शेर को देखा। शेर की आँखों से, उसके हाव-भाव से साधु समझ गया कि शेर उस पर हमला करने के उद्देश्य से आया है। शेर का इरादा भाँपते ही साधु ने तुरंत कहा, 'तुम जो हो, वही बन जाओ' और आश्चर्य की बात घटित हुई, वह शेर एक कॉक्रोच में बदल गया।

आप सोच रहे होंगे, 'अरे! वह तो चूहा था, कॉक्रोच कैसे बन गया?'

यह जानने से पहले समझें कि 'तुम जो हो, वह बन जाओ' इस पंक्ति में एक रहस्य छिपा है। आप खुद को जो मानकर जी रहे हैं, आखिरकार वही बन जाते हैं। साधु ने उस चूहे को बिल्ला, पिल्ला और अंत में शेर तक बना दिया, फिर भी वह खुद को चूहे से भी कम मानकर ही जीता रहा।

इंसान का अंत भी ऐसे ही होता है। जो वह खुद को मानकर जीवन जीता है,

उसी मान्यता के साथ उसकी मृत्यु भी हो जाती है। यदि आप खुद को चूहा समझते हैं तो अंत चूहे की तरह होगा, पिल्ला समझते हैं तो अंत वैसा ही होगा। इसलिए महत्वपूर्ण बात यह है कि हम खुद को क्या मानकर जी रहे है? कहने का अर्थ, सारा खेल मान्यताओं का है। यदि हम मानते हैं कि 'मैं शरीर हूँ' तो शरीर बनकर ही मृत्यु को प्राप्त होंगे। वैसे ही, 'मैं मन हूँ, बुद्धि हूँ, स्त्री हूँ, पुरुष हूँ' आदि मान्यताएँ उसी तरह की मृत्यु को आमंत्रित करती हैं या यू कहें कि हम मान्यताओं के अनुसार जीवन जीते और मरते हैं। अर्थात मान्यताओं के कारण ही हम अपूर्णता को महसूस करते हैं।

अगर पूर्णता का अनुभव करना है तो हमें अपने मूल स्वरूप को जानना आवश्यक है। चूँकि हम मूलतः कौन हैं, यह नहीं जानते और मान्यताओं में अटकते हैं इसलिए कभी भी संतुष्टि नहीं आती। जब हम स्वयं को शरीर समझते हैं तब असंतुष्टि एवं अपूर्णता का अनुभव आता है। हम जो नहीं हैं, वह बनकर जीएँगे तो अपूर्णता आने ही वाली है।

कोई सोचता है, 'मैं स्त्री हूँ' तो यह पूर्ण ज्ञान नहीं है। स्त्री होना अंश मात्र है। वैसे ही हम स्वयं को पुरुष, टीचर, डॉक्टर, पति, पत्नी, बेटा, बेटी, भाई, बहन, भारतीय आदि जो भी मानकर जीते हैं, वह सिर्फ अंश मात्र है। जीवन में जितना भी पाया है, फिर भी असंतुष्टि तथा अपूर्णता का ही अनुभव आता है। अतः अज्ञान में हम स्वयं को सीमित मान लेते हैं।

वास्तव में हम असीम और अनंत हैं। एक अखंड जीवन की धारा है। अपने इस मूल स्वरूप को जानने के लिए ध्यान करना ज़रूरी है वरना अपूर्णता बनी रहती है। ध्यान से खुद का मूल स्वरूप यानी अनंत अस्तित्व जानकर जीने से ही संतुष्टि एवं पूर्णता का एहसास आता है। जैसे चूहा, बिल्ला बना, फिर पिल्ला बना और शेर भी बना मगर कोई लाभ नहीं हुआ क्योंकि अपने एहसास में वह अपूर्ण ही रहा।

जब हम अपने होने के एहसास में जीते हैं तब स्व का अनुभव करते हैं। इसलिए हमें स्व की खोज करके, अपने स्वभाव यानी डिवाइन प्लैन के अनुसार जीवन जीना है। क्योंकि ध्यान से उसकी मौत होती है, जिसे हमने अज्ञान में अपना होना मान लिया है। ध्यान में सारे लेबल्स उतरते हैं और अपने होने का अर्थात पूर्णता का अनुभव आता है। ध्यान में चेतना के जिस लेवल को हम टच करते हैं, वहाँ से डिवाइन प्लैन शुरू होता है।

मनुष्य जीवन की सबसे महत्वपूर्ण सीख यही है कि हर कोई अपने-अपने डिवाइन प्लैन अनुसार जीए और ध्यान द्वारा अपनी चेतना के स्तर को ऊपर उठाए। वरना लोग बहुत कुछ बनने के लिए मैनिफेस्टेशन यानी प्रकटीकरण (हम जो सोचते हैं, वही हमारे जीवन में होने लगता है) की हज़ारों टेक्नीक्स सीखते हैं, अनगिनत वीडियोज़ देखते हैं। यह कैसे मिलेगा, वह कैसे मिलेगा, इसके, उसके पीछे भागते हैं। मगर जब तक असल में 'मैं कौन हूँ' की समझ प्राप्त नहीं होती तब तक पूर्णता नहीं मिलती। उस चूहे की तरह मैनिफेस्टेशन के बावजूद भी अपूर्णता बनी रहती है। इसलिए अपने डिवाइन प्लैन के अनुसार जीने में ही जीवन की सार्थकता है।

आप उस प्लैन को टच करें, जो डिवाइन प्लैन है, उसे खोजना ज़रूरी है। चूँकि वह हमारे ही अंदर है, हमें और कहीं जाने की आवश्यकता नहीं है। जितनी जल्दी हम खुद का असली स्वरूप जान पाएँगे, उतनी ही तेजी से हमारे सारे बोझ समाप्त हो पाएँगे। अर्थात सारी मान्यताएँ मिटेंगी, जिसे हम 'ध्यान में मिटना' कहते हैं।

पुरानी मान्यताओं को मिटाकर नया बनने के लिए सबसे पहले हम खुद को जो भी मानकर बैठे हैं, उसे स्वीकारना ज़रूरी है। अब तक खुद को चूहा (निम्न) माना है, कोई बात नहीं, उसे स्वीकार करें और धन्यवाद दें क्योंकि सच्चाई का दर्शन हुआ है। स्पष्टता से देखने के बाद ही मान्यता मिटने लगती है। 'स्वीकार और आभार' प्रकट करने से ही समस्या सुलझती है। अर्थात अज्ञान मिटता है इसलिए खुद को जो भी मानकर बैठे हैं जैसे– 'मैं शरीर, मन, बुद्धि, अहंकार, पर्सनैलिटी...' आदि को पहले स्वीकारें और धन्यवाद देना शुरू करें। फिर चाहे जो आप चाहते थे वह न मिलने पर बुरा लगे तो भी धन्यवाद देना शुरू करें। क्योंकि घटनाओं में दुःख महसूस होने से ही हम असली विकास की तरफ बढ़ते हैं। भले ही दुःख में हम कृतज्ञता महसूस न कर पाएँ तब भी स्वीकार और आभार प्रकट करना जारी रखें ताकि दुःख के बादल जल्दी से हटकर, जीवन में नए चमत्कार दिखने शुरू हो जाएँ। अर्थात मानने की बजाय जानना शुरू करने पर सब चमत्कार घटित होते हैं।

यदि आप अपने जीवन की घटनाएँ देखेंगे तो जानेंगे कि आज तक जीवन में जो भी बुरी घटनाएँ हुईं, वे समय के साथ अच्छी साबित हुईं। इसलिए आज जीवन में जो कुछ आ रहा है, उससे गुज़रकर खुद का विकास होने देना है। हर वक्त आभार प्रकट करना सीखना है ताकि मानने से जानने तक का सफर सहज हो पाए और बाद में पछताना न पड़े। आइए, अब कहानी के अंतिम पड़ाव पर क्या हुआ यह समझ लेते हैं।

आगे कहानी में साधु ने चूहे को कहा, 'तुम्हें शेर बनाया, फिर भी तुम खुद को कमज़ोर मानकर जीते रहे इसलिए अंत में तुम वही बनोगे जो तुम्हारी सोच थी।'

अकसर इंसान भी 'लोग क्या कहेंगे' यह सोचकर, नया कदम उठाने से डरता है। राजा बनाने के बावजूद भी यदि कोई खाना चोरी करके अपने बिल में भरता रहे तो आगे चलकर उसकी सोच चूहे की ही साबित होगी। इसलिए मानना बंद करके, खुद को जानना शुरू करें। वरना वही मौत मरेंगे, जो हम मानकर बैठे हैं।

इसके लिए आपको ध्यान में बैठकर अपने एक-एक अज्ञान को मरते देखना है। मान्यता, बोझ, असंतुष्टि, बोझिल दृष्टिकोण आदि को हटाकर, अपनी ताकत याद करनी है ताकि इंसान बनने की उच्चतम संभावना खुल जाए। हमारे ही अंदर जो ईश्वरीय संभावना है, उसे खोलकर हमें जीवन का आनंद लेना है। मनुष्य का यह जन्म अनमोल है क्योंकि इसमें हम अपना मूल स्वरूप जान सकते हैं, जो अन्य प्राणियों में संभव नहीं है।

'मैं गरीब परिवार में पैदा हुआ... अमेरिका मैं पैदा नहीं हुआ... मुझे अंग्रेजी नहीं आती... मेरा चेहरा अच्छा नहीं... मैं सुरक्षित नहीं... हमारी जाति के लोग कम हैं... दूसरी जाति के लोग हमें मार डालेंगे...' आदि सब मान्यताएँ मिटने देनी हैं, न कि आजू-बाजू में जो ग्रुप बनाकर सभाएँ हो रही हैं, उनसे विचलित होना है। हमें न कट्टर बनना है, न ही बदतर बल्कि अपना मूल स्वरूप जानकर, हम जो हैं वह बनकर जीना है।

साधु ने जब चूहे को 'जो हो, वह बन जाओ' कहा तो चूहा कॉक्रोच बन गया। क्योंकि जब वह चूहा था तब भी खुद को कॉक्रोच ही मानता था। आखिरकार उसे कॉक्रोच बनकर जीना पड़ा।

ठीक वैसे ही हम इंसान की देह में होकर भी खुद को क्या मान रहे हैं? इस पर ज़रूर सोचें। इसके लिए निरंतर ध्यान में बैठकर मान्यता की मृत्यु और खुद की वास्तविक पहचान होने दें। 'मैं कौन' यह जानना ध्यान में होता है और ध्यान के शिखर तक पहुँचने के लिए डटे रहना है।

तात्पर्य : इंसान को मानकर नहीं बल्कि अपने होने के एहसास को जानकर जीवन जीना है।

हर किसी को अपनी असली पहचान पानी चाहिए। झूठी शख्सियत अपनाने से असंतोष और मानसिक तनाव होता है।

केवल बाहरी रूप या शक्ति का मूल्यांकन नहीं होता, असली शक्ति अंदर से आती है।

बहुत अधिक शक्ति और धुँधली पहचान कभी-कभी असहनीय हो सकती है, जैसे (चूहे बने) शेर ने साधु को मारने की बात सोची थी।

अपना मत दर्शाएँ :

- आप स्वयं को क्या-क्या मानते हैं, इसकी सूची बनाएँ।
- क्या आपने अपना मूल स्वरूप जाना है?
- क्या आप नियमित ध्यान द्वारा अपनी चेतना को ऊपर उठाते हैं?
- आज तक आपकी कौन सी मान्यताएँ मिट गईं हैं, उनकी सूची बनाएँ।
- ध्यान में मान्यताओं का मिटना और चेतना का बढ़ना, इस बात से आपने क्या समझा है?

बत्तीसवाँ

आदमखोर शेर और चतुर सियार
जागृतिभरे सवालों का जादू

किसी बड़े जंगल में एक शेर रहता था। उसी जंगल में बहुत से और जानवर भी रहते थे। जिस कारण शेर को अपनी गुफा से बाहर कदम रखते ही कोई न कोई शिकार मिल जाता था। अपनी भूख मिटाने के लिए, भोजन की तलाश में उसे दूर-दूर भटकना नहीं पड़ता था।

जानवरों ने देखा कि हर रोज़ ऐसे ही शिकार होता रहा तो उनमें से कोई नहीं बचेगा। हर प्राणी को यही डर सता रहा था, 'आज तो बच गए लेकिन कब तक? कभी न कभी तो शेर का निवाला बनने ही वाले हैं!'

अब जंगल के सभी जानवर सावधान रहने लगे। शेर की गुफा के आस-पास रहनेवाले प्राणी बहुत दूर जाकर रहने लगे। कुछ जानवरों ने शेर की दिनचर्या की जानकारी इकट्ठी करनी शुरू की- जैसे कब वह गुफा में होता है, उसके आने-जाने का रास्ता कौन सा है, शिकार करने का समय व तरीका कैसा है आदि...।

सभी बातें जानकर वे एक-दूसरों को सतर्क कर दिया करते थे। आपस में संदेश पहुँचाया करते थे कि 'शेर इस रास्ते से निकला है इसलिए कोई भी उस रास्ते से न जाए...।'

जानवरों की यह कार्ययोजना पूर्ण रूप से सफल होने तक शेर को आसानी से शिकार मिल रहा था इसलिए उसके दिन बड़े मज़े में गुज़र रहे थे। अब तक चलते आए इस सिलसिले के कारण उसे न किसी तरह की दौड़-धूपवाली मेहनत करनी

पड़ती थी, न ही शिकार को चतुराई से फाँसने के लिए बुद्धि का उपयोग करना पड़ता था। आप जानते हैं, शरीर और बुद्धि को आवश्यक व्यायाम न मिले तो कुछ समय बाद शरीर कमज़ोर पड़ जाता है। ज़रूरत पड़ने पर बुद्धि सही निर्णय नहीं ले पाती। शेर के साथ भी ऐसा ही हुआ। वह सुस्त और लापरवाह होता गया। धीरे-धीरे उसकी बुद्धि भी मंद होने लग गई। अब सुस्ती की वजह से उसे शिकार मिलने में कठिनाई होने लगी।

दूसरी ओर प्राणियों की होशियारी के कारण भी शेर को कोई शिकार नहीं मिल पा रहा था। कभी-कभी तो उसे भूखा ही रहना पड़ता था।

फिर उसने तय किया कि 'अब कुछ न कुछ तो करना ही पड़ेगा।' भूख से बेहाल होकर घूमते हुए, कुछ दूरी पर उसे एक छोटी गुफा दिखाई दी। उसने अंदर जाकर देखा तो वहाँ कोई नहीं था। शेर को समझने में देर नहीं लगी कि वह किसी जानवर की गुफा है। 'जब वह जानवर शाम में लौट आएगा तो मैं उसका शिकार करूँगा', यह सोचकर शेर गुफा में ही उसका इंतज़ार करने लगा।

असल में वह गुफा एक सियार की थी। शाम में जब सियार लौटा तो गुफा के बाहर रेत पर पंजों के निशान देखकर वह अनायास ही ठिठक गया। उसे गुफा के अंदर जाने का साहस नहीं हुआ। सियार के कान खड़े हो गए, 'हो न हो, यहाँ ज़रूर कोई आया है। क्या पता वह भीतर छिपा बैठा हो।'

काफी सोचने के बाद उसने चतुराई से काम लिया और गुफा से प्रश्न किया, 'हे जादुई गुफा, क्या मैं अंदर आ सकता हूँ?' सियार का प्रश्न सुनकर अंदर बैठा शेर चौंक गया कि 'आखिर यह क्या चल रहा है!' मगर उसने कोई जवाब नहीं दिया। थोड़ा रुककर सियार ने दूसरी बार पूछा, 'हे जादुई गुफा, क्या मैं अंदर आ सकता हूँ?' सियार सच में बड़ा होशियार था। पहली बार में जवाब नहीं आया तब भी वह तुरंत गुफा के अंदर नहीं गया। उसने दूसरी बार फिर प्रश्न पूछकर पक्का करना चाहा कि सच में अंदर कोई है या नहीं। इस बार शेर थोड़ा विचलित हुआ। उसने सोचा, 'सियार तो अंदर आ ही नहीं रहा है, अब कुछ करना पड़ेगा।'

फिर कुछ देर बाद सियार ने तीसरी बार चिल्लाकर पूछा, 'क्या हमारा एग्रीमेंट कैंसिल हो गया है? तुमने कॉन्ट्रैक्ट में कहा था, जब भी मैं तुमसे अंदर आने की अनुमति माँगू, तुम अनुमति दोगे। कॉन्ट्रैक्ट के अनुसार जब तुम 'अंदर आओ' कहोगे तभी मैं अंदर आऊँगा। अब तुम कोई जवाब ही नहीं दे रहे हो। इसका मतलब क्या हमारा एग्रीमेंट कैंसिल हुआ है? क्या मैं ऐसे समझूँ? देखो! आखिरी बार पूछ रहा हूँ, क्या मैं अंदर आऊँ?'

यह सुनकर शेर अंदर से बोला, 'हाँ तुम अंदर आ सकते हो।' अंदर से आती हुई आवाज सुनकर सियार को पक्का हुआ कि गुफा के अंदर नहीं जाना है। है न, मज़ेदार कहानी! मगर इसमें कुछ गहरे सबक भी हैं।

यहाँ पर शेर यानी माया, सियार यानी हम और गुफा हमारे शरीर का प्रतीक है। ऐसे मानकर एक बार कहानी पर फिर से मनन करें। इससे कई राज़ खुलेंगे।

माया को इतने सारे शिकार सहजता से मिलते हैं इसलिए वह सुस्त हो रही थी। जंगल के अन्य प्राणियों की तरह लोग धीरे-धीरे सजग हो रहे हैं। वे माया का ही इस्तेमाल करके, माया की चाल समझ रहे हैं। जैसे हम एक-दूसरे को वॉट्सऐप या अन्य सोशल मीडिया द्वारा मैसेज भेजकर सजग करते रहते हैं। मगर यदि माया घर में यानी शरीर में ही आकर बैठ जाए तो क्या करें? जैसे होशियार सियार ने किया, वही करना चाहिए। स्वयं से सवाल पूछकर जागृत हो जाना चाहिए। जागृतिवाले सवालों में माया को मिटाने की ताकत है।

उदा. अगर आरामदायक कुर्सी न मिलने या लेटने की उचित व्यवस्था न होने पर शरीर में दर्द जगे तो स्वयं से पूछें, 'क्या मैं शरीर हूँ?' जवाब आएगा, 'नहीं!' 'तो फिर मैं कौन?' इस पूछताछ का सिलसिला तब तक जारी रखें, जब तक सत्य सामने न आ जाए। जैसे सियार ने होशियारी से सवाल किया तो शेर की हकीकत सामने आ गई और वह शिकार बनने से बच गया। उसी प्रकार हमें भी 'मैं कौन हूँ?' सवाल द्वारा बड़ी होशियारी के साथ स्वयं की पूछताछ तब तक करनी है, जब तक अंतिम सत्य (रियल सेल्फ) प्रकट हो न जाए और हम माया के शिकंजे से छूट न जाएँ।

'असली मैं' यानी सेल्फ, भाव (फीलिंग्स) की भाषा में जवाब देता है। प्रेम-आनंद-मौन बनकर निःशब्द रूप से बात करता है। स्व से सुनाई देनेवाला परम मौन, माया को हराने के लिए पर्याप्त है। परम मौन के सामने माया की कोई भी चाल कामयाब नहीं होती। उसकी चकाचौंध हमें आकर्षित नहीं कर पाती।

यहाँ पर और एक बात गौर करने लायक है, बुद्धि का सही इस्तेमाल करने से सजगता बढ़ती है। जैसे जंगल के अन्य प्राणी होशियार बने, वैसे ही हमें भी सजगता बढ़ाकर एक-दूसरे को सजग रहने में मदद करनी है ताकि सभी सतर्क और सावधान रह पाएँ।

कहने को तो शेर जंगल का राजा था लेकिन उसका शरीर आलस्य से भरा था और मस्तिष्क मंद हो चला था। ठीक वैसे ही माया की चकाचौंध में लिप्त इंसान की बुद्धि मंद हो जाती है। ऐसे लोग बड़ी आसानी से माया के फंदे में फँसकर, उसके शिकार बन जाते हैं। इसके विपरित सियार की तरह सचेत बुद्धिवाला मनुष्य अपनी सूझ-बूझ, चतुराई से हर मुश्किल पर मात पा सकता है।

माया का होना वह चुनौती है, जो हमारी बुद्धि को तेज बनाने में उपयुक्त है। यह हमारी सजगता और सतर्कता बनाए रखने में मदद करती है। जीवन में आई चुनौतियों को स्वीकार कर, पूर्ण करने से संकल्पशक्ति बढ़ती है। साथ ही हमारा आत्मविश्वास भी बुलंद होता है। इसलिए आज की तारीख में हमारे आस-पास मोबाईल, टी वी. इत्यादि साधन माया का विज्ञापन फैला रहे हैं, उनसे घबराना नहीं है बल्कि उन्हें चुनौती समझकर देखना है। अर्थात माया के आकर्षण में न फँसते हुए सजगताभरा, जादुई जीवन जीना है।

तात्पर्य : आस-पास माया का फैलाव, जंगल का प्रतीक है। सजगता, सतर्कता और सूझ-बूझ से माया में रहते हुए ही, माया का इस्तेमाल करके उसके शिकंजे से बाहर आया जा सकता है। स्वयं से बार-बार जागृतिवाले सवाल पूछकर ही असली जवाब मिलते हैं और अंतिम सत्य का उदय होता है।

हर मुश्किल स्थिति में समझदारी और चतुराई से काम लिया जाए तो कोई भी समस्या हल की जा सकती है।

यह कहानी सिद्ध करती है कि शेर जैसे ताकतवर जानवर को भी एक चतुर और बुद्धिमान जानवर अपनी सूझ-बूझ से हराने में सक्षम हो सकता है।

सही मौके का सही उपयोग करना, जैसे सियार ने शेर के झाँसे में आने से पहले पूरी जानकारी हासिल की।

शेर का आत्मविश्वास ज़्यादा था, जिससे वह बेवकूफ बन गया। कभी भी अपनी क्षमता से ज्यादा आत्मविश्वास नहीं होना चाहिए।

अपना मत दर्शाएँ :

- क्या आपको माया से डर लगता है?
- क्या आपको जागृतिवाले सवालों की ताकत पता है?
- क्या माया का उपयोग हम एक-दूसरे को सजग करने के लिए कर सकते हैं?
- क्या आपको चुनौतियाँ पसंद हैं?
- एक चुनौती लेकर उसे अंजाम दें। उसके उपरांत बढ़े हुए आत्मविश्वास पर पाँच पँक्तियाँ लिखें।

तैंतीसवाँ

केकड़ा और कुदरत के कार्य करने का अनोखा तरीका

निशान मिटाने के पीछे का राज़

एक केकड़ा समुंदर किनारे मौज में झूम-झूमकर, रेत में अपने पैरों के निशानों से डिज़ाइन बनाता है और आश्चर्यचकित होता है। रेत में बन रही डिज़ाइन उसे बहुत पसंद आती है। अपनी ही बनाई डिज़ाइन देखकर वह बहुत खुश होता है। इसलिए नए-नए तरीके से चलकर, थोड़ा गोल घूमकर और नई-नई डिज़ाइन्स बनाने में मगन हो जाता है। परंतु कुछ समय बाद दूर से समुंदर की एक लहर आती है और सारे निशान मिटा देती है।

असल में समुंदर दूर था, डिज़ाइन बनाते समय वहाँ तक लहरें आ नहीं रही थीं मगर अचानक एक लहर आती है और सारे निशान मिटा जाती है। केकड़े को बहुत गुस्सा आता है, दुःख भी होता है। वह गुस्से में सागर से पूछता है, 'तुमने ऐसा क्यों किया? इतने घंटों से मैं जो मेहनत करके डिज़ाइन बना रहा था, वह बिगड़ गई। तुमने मेरी सारी

डिज़ाइन्स क्यों मिटा दी?' तब सागर उसे बताता है, 'इस समय रोज़ एक मछुआरा आता है। वह इधर से गुज़रता है, केकड़ों के पाँवों के निशानों के पीछे-पीछे जाता है और उन्हें पकड़ लेता है। मैंने तुम्हारी भलाई के लिए ही ये निशान मिटाएँ।'

केकड़े की तरह हमें भी जब तक हकीकत मालूम नहीं पड़ती तब तक हमारी शिकायत चलती रहती है मगर बाद में समझ में आता है कि जो हुआ उसमें हमारी ही भलाई थी।

यदि आपके साथ ऐसा हो जाए तो? यानी आप बड़ी मेहनत तथा आनंद से कुछ नया निर्माण करें और कुदरत उसे मिटा दे तो कैसा लगेगा? सागर और केकड़े की कहानी तो बस इशारा है। कहानी में सागर ने तो बताया कि निशान मिटाने के पीछे कौन सा राज़ था मगर ईश्वर तो इंसान को कुछ बताता ही नहीं! इस पर इंसान को ही मनन करना होगा वरना जीवन में शिकायतें ही चलती रहती हैं।

लोगों के जीवन में जो चल रहा है, उसका कारण उन्हें मालूम ही नहीं होता। बहुत सालों बाद उन्हें पता चलता है कि हकीकत क्या थी। कई बार तो मृत्यु उपरांत जीवन (पार्टटू) में जाकर कुछ लोगों को मालूम पड़ता है कि उनके जीवन में जो हुआ, उसके पीछे कुदरत का कौन सा प्लैन था और उसमें किस तरह उनकी ही भलाई छिपी हुई थी।

बहरहाल, सागर की वह लहर दूर तक आई और केकड़ा बच गया। मतलब सागर ने अपना दायरा बढ़ाया, न सिर्फ केकड़े की बल्कि मछुआरे की भलाई के लिए भी। जब मछुआरा आया तब गीली रेत देखकर उस पर लेट गया। उसके शरीर में पित्त बढ़ गया था, उसे तकलीफ हो रही थी और ठंडी रेत पर लेटने से उसका पित्त शांत हुआ। इस तरह एक बड़ी लहर ने मछुआरों और केकड़े, दोनों का भला किया। अर्थात कुदरत में जो कार्य हो रहे हैं, उनका असर किस पर और किस तरह हो रहा है, यह समझना इंसान की बुद्धि के पार की बात है।

इंसान जान ही नहीं सकता कि कुदरत कितने बढ़िया तरीके से सबका पालन-पोषण कर रही है। जीव-जंतु, प्राणी से लेकर इंसान तक उनकी ज़रूरत अनुसार परोसकर देती है। हम कितना भी दिमाग चलाएँ, कुदरत का दूरगामी परिणाम समझ नहीं पाते। कुदरत में हर घटना, आगे आनेवाली घटना की पूर्व तैयारी होती है। इसलिए हम समझ नहीं पाते कि किस वजह से बदलाव होते जा रहे हैं। कोरोना जैसी बड़ी लहर ने भी विकास की तरफ बढ़ने में मदद की है। अर्थात कुदरत में कुछ

भी व्यर्थ नहीं होता। एक पत्ता भी गिरता है तो उसमें से नया निर्माण होना नियोजित होता है।

क्या आपको केकड़े की कहानी से कुदरत के काम करने का अनोखा तरीका समझ में आया? यदि 'हाँ' तो चलिए बिना शिकायत आगे बढ़ते हैं। केकड़े की भाँति खुशी में झूमकर अपने जीवन को सजाते हैं, बिना यह फिक्र किए कि हमारा आनंद कितनी देर तक टिकेगा? ऐसा करते-करते एक दिन हम स्थाई आनंद (परमानंद) पा सकते हैं यानी सागर ही बन सकते हैं।

केकड़े के लिए तो सागर बनना असंभव था मगर इंसान के लिए कुदरत के काम करने का तरीका समझकर, सागर बनना यानी अनंत चैतन्य बनना संभव है। यही मनुष्यदेह की उच्चतम संभावना है, यही हमारे जीवन का असली लक्ष्य है और यही कुदरत में होनेवाले बदलाव का भी लक्ष्य है। कुदरत हमारे जीवन को भी उसी की तरह विराट, असीम, अनंत बनाना चाहती है। तो चलिए, कुदरत के साथ ताल में ताल मिलाकर जीवन का आनंद लेते हैं, यही शुभेच्छा।

तात्पर्य : संपूर्ण सृष्टि में जो भी घटित हो रहा है, उसमें कुदरत का अनोखा नियोजन चल रहा है। जिसे इंसान के दिमाग से समझा नहीं जा सकता इसलिए जीवन में आनेवाली घटनाओं के प्रति शिकायत करने की बजाय कुदरत से ताल-मेल बनाएँ और विश्वास रखें कि जो कुछ भी हो रहा है, उसमें सबका मंगल है।

जीवन की हर घटना के पीछे का उद्देश्य समझने की कोशिश करें। हर घटना का एक कारण होता है, जो हमारी भलाई के लिए होता है।

जब कोई अनहोनी या अप्रत्याशित घटता है तो हमें धैर्य से काम लेना चाहिए और यह मानना चाहिए कि शायद इसमें कुछ अच्छा छिपा है।

हमें जीवन के प्रत्येक पहलू में विश्वास रखना चाहिए कि कोई न कोई उच्च शक्ति या ताकत हमारे भले के लिए काम कर रही है।

अपना मत दर्शाएँ :

- क्या केकड़े की तरह आपके मन में कभी कुदरत के प्रति शिकायत उठती है?
- हर दृश्य, आनेवाले नए दृश्य की तैयारी है, इस पर आपका कितना विश्वास है?
- कुछ समय तक नकारात्मक लगनेवाली घटना का बाद में सकारात्मक परिणाम आया, ऐसी एक घटना पर मनन करके लिखें।
- कुदरत में हम सदा के लिए सुरक्षित हैं, इस पर पाँच पंक्तियाँ लिखें।
- हर बात आज नहीं तो कल मिटनेवाली है, यह सत्य जानने के बावजूद क्या आप अपना कार्य आनंद में मगन रहकर कर पाते हैं?

चौंतीसवाँ

तितली का जनम
उच्चतम संभावना कैसे खोलें

लगभग सभी जानते हैं कि तितली का पहला जनम पेड़ की पत्तियों पर अंडे के रूप में होता है। पत्तों पर डाला गया अंडा कुछ ही दिनों में टूटता है और उससे कैटरपिलर (कीड़ा) बाहर आता है। बाहर आने के बाद सबसे पहले वह उस टूटे अंडे को खाता है, जिससे वह पैदा हुआ। यहाँ तितली का पहला जनम होता है।

आगे यही कैटरपिलर कुछ दिनों में बड़ा होते-होते तीन-चार सेंटीमीटर का हो जाता है। फिर पत्तियों पर सरकते हुए वह निरंतर पेड़ की पत्तियाँ खाते रहता है, जिससे उसके अंदर लार तैयार होने लगती है। अब वह अपनी लार से फिर से अंडा बनाता है।

क्या आपको यह जानकर आश्चर्य हुआ कि अंडे से निकला कैटरपिलर अपनी लार से फिर से अंडा क्यों बना रहा है? कुदरत ने उसके जीवनक्रम में ऐसा आश्चर्य क्यों रचा? आइए, जानते हैं। पहले तो कैटरपिलर अपनी आई हुई चमड़ी छोड़ देता है।

जैसे साँप अपनी केंचुली को छोड़ता है, वैसे वह भी चार-पाँच बार चमड़ी छोड़ देता है। तक़रीबन महीनाभर यह प्रक्रिया चलती है। फिर वह जो पदार्थ तैयार करता है, उसके चारों तरफ एक नया अंडा तैयार करता है। इस तरह वह अपनी लार से एक नया अंडा बनाता है। इस बदलाव के कारण एक घटना घटित होती है। पत्ते पर सरकने, रेंगनेवाला कैटरपिलर अब पेड़ की डाल पर एक नए खोल में लटकने लगता है। अपने विकास की अगली सीढ़ी पर जाने के लिए उसे इस

बदलाव से गुज़रना पड़ता है। सूक्ष्म स्तर पर होनेवाला यह बदलाव उसकी आगे की संभावना खोलता है।

जी हाँ, इस अंडे से निकलने के बाद उसका दूसरा जनम होता है। इस बार वह पंखों के साथ अंडे से बाहर आता है। दूसरे अंडे से बाहर निकलते समय वह बड़ा संघर्ष करता है, अंदर से ताकत लगाकर धीरे-धीरे अंडे के खोल को कमज़ोर करता है। बड़ी मेहनत से अंडे को तोड़ता है। इस तरह प्रयास करते-करते उसके पंख खुलने की प्रक्रिया में तैयार होते हैं। एक दिन वह अंडे के बाहर आता है। जब यह नया अंडा टूटता है तब वह अपने पंखों के साथ बाहर आता है। संघर्ष के कारण उसके पंखों में ताकत पैदा होती है इसलिए वह एक तितली (बटरफ्लाय) के रूप में नया जनम पाता है। कैसा सुंदर रूपांतरण है यह! पत्ते पर सरकनेवाला कैटरपिलर, तितली बनकर उड़ान भरने को तैयार होता है।

इस विकास के दौरान हुए सारे बदलाव आखिर उच्चतम संभावना में रूपांतरित होते हैं। अंडे से कैटरपिलर, कैटरपिलर से लार्वा, लार्वा से अंडा, फिर तितली। इस तरह एक तितली लंबे सफर के बाद आज़ाद होती है। है न आश्चर्य करानेवाला सफर!

इंसान के जीवन में भी ऐसा सफर होना ज़रूरी है। उसका पहला जनम तो होता है मगर फिर भी वह नए अंडे (संसार की माया) में अटक जाता है। यदि उसे मायारूपी जाल से बाहर आना है तो कैटरपीलर की तरह मेहनत करनी पड़ती है। 'मैं शरीर हूँ', इस खोल को गिराना होता है। जब स्वयं की खोज करते-करते इंसान को 'मैं कौन हूँ?' की समझ प्राप्त होती है तब उसका अज्ञान मिटता है। फिर जाकर उसका दूसरा, नया जनम होता है।

तितली का तो पहला... दूसरा जनम नैसर्गिक रूप से घटित होता है मगर इंसान के साथ ऐसा नहीं होता। इंसान पहला जनम लेता है बच्चे के रूप में, फिर बड़ा-बूढ़ा होता है। इस बीच वह संसार में अटक जाता है। दूसरे जनम के लिए जो कार्य करना आवश्यक है, वह नहीं कर पाता।

इंसान कब उड़ान भरता है? जब उसका अज्ञान मिटता है और उसे 'मैं कौन हूँ' की समझ प्राप्त होती है तब कहा जाएगा कि यहाँ इंसान का दूसरा जनम होता है। निरंतर सत्य की खोज, ध्यान, साधना आदि करने के बाद वह विकास के अगले स्तर पर पहुँचता है। अर्थात वह आत्मसाक्षात्कार के मार्ग पर अग्रसर होता है। मगर इसके लिए 'मैं कौन हूँ?' यह जानने हेतु छोटे ही सही, निरंतर प्रयास करने चाहिए ताकि एक दिन बड़ा रूपांतरण घटित हो जाए।

आइए, दूसरा जनम पाने के लिए कहाँ से कार्य शुरू करें, यह जानते हैं।

पहले तो ध्यान में बैठकर, अपने चारों तरफ वाईट लाइट डालें। जैसे कि आकाश से सफेद प्रकाश आपको चारों तरफ फैल रहा है, ऐसा महसूस करें। आप ध्यान में बैठे हैं। इस तरह जब निरंतर सत्य की खोज करते-करते, ध्यान साधना का अभ्यास करते-करते आप ध्यान के शिखर पर पहुँचते हैं तब रूपांतरण होता है। आप खुद की उच्चतम संभावना खोलते हैं। फिर आप उस शिखर को टच करते हैं, जहाँ से हमारे जीवन में दिव्य योजना काम करने लगती है। दिव्य योजना यानी डिवाइन प्लैन, जो आपके लिए बना है। जिसमें समृद्धि, स्वास्थ्य, प्रेम, आनंद, मौन, ध्यान, विश्वास प्रकट होता है।

जब तक दूसरा जनम नहीं होता तब तक इंसान चीज़ों की कमी और अपूर्णता को महसूस करता है। दूसरे जनम के बाद ही आती है, संतुष्टि। जैसे कैटरपिलर के रूपांतरण के बाद होता है तितली का जनम, वैसे ही इंसान की पुरानी अज्ञानी सोच खत्म होने पर जन्मता है, रियल सेल्फ यानी असली 'मैं।'

तो चलिए, ध्यान से शुरू करते हैं प्रिय प्रयास, वह भी निरंतर ताकि एक दिन आश्चर्य प्रकट हो जाए। इसके लिए शुभेच्छा, धन्यवाद।

तात्पर्य : भविष्य में बड़ा रूपांतरण चाहिए तो बिना रुके, छोटे-छोटे कदम उठाते हुए निरंतर आगे बढ़ना ज़रूरी है। वरना किसी मुकाम पर अटकने से विकास आगे बढ़ नहीं पाता। विकास के हर कदम पर कुछ पुरानी बातें छोड़कर, नया आत्मसात करना ज़रूरी है ताकि एक दिन बहुत बड़ा रूपांतरण अर्थात आत्मसाक्षात्कार प्राप्त हो जाए।

जीवन में कुछ बदलाव अपरिहार्य होते हैं, जो हमें उच्चतम अवस्था में पहुँचने में मदद करते हैं।

कैटरपिलर का रूपांतरण तितली में होने तक एक लंबा समय लगता है, जो यह सिखाता है कि किसी भी सफलता के लिए समय और धैर्य चाहिए।

जीवन में जैसे कैटरपिलर को बदलाव के दौरान अपनी क्षमता का पूरा उपयोग करना पड़ता है, वैसे ही हमें भी अपने विकास पर विश्वास रखना चाहिए।

जो भी जीवन में सर्वोत्तम हासिल करना चाहता है, उसे अपनी पुरानी आदतों और रूपों से बाहर निकलकर, नए रूप में विकसित होना होता है।

अपना मत दर्शाएँ :

- तितली के अंडे से पंखों द्वारा उड़ान भरनेवाले सफर को अपने जीवन से वर्णित करें।
- क्या नया पाने के लिए पुराना छोड़ने की आपकी तैयारी है?
- क्या आप इसी देह में दूसरा जनम अर्थात आत्मसाक्षात्कार प्राप्त करना चाहते हैं?
- क्या आप अपने मूल स्वरूप को खोजने के लिए निरंतर ध्यान करते हैं?
- जीवन में होनेवाले छोटे-छोटे बदलाव देखकर, आपको कितना आश्चर्य होता है? (१ यानी बहुत कम, १० यानी बहुत ज़्यादा)

  १ २ ३ ४ ५ ६ ७ ८ ९ १०

पैंतीसवाँ

ऊँटनी और बेटे ऊँट का गहरा वार्तालाप
मोक्ष प्राप्ति का लक्ष्य रखें

एक ऊँटनी अपने छोटे बेटे (ऊँट) के साथ बैठी थी। दोनों माँ-बेटे कुछ खा रहे थे यानी जुगाली कर रहे थे। खाना चबाते-चबाते आपस में उनकी बातचीत चल रही थी। क्या आप उनका संवाद जानना चाहेंगे? क्योंकि उनकी बातें बहुत ही गहरी और महत्वपूर्ण थीं। चलिए, जानते हैं।

बेटा- 'माँ हमारी पीठ पर यह कूबड़ क्यों होता है? उतना हिस्सा सूजा हुआ दिखता है।'

ऊँटनी- 'बेटा हमारा ज्यादातर जीवन रेगिस्तान में बीतता है, जहाँ कम पानी में जीना आवश्यक होता है। इस कूबड़ के द्वारा हमारे शरीर में ऐसी खास व्यवस्था की गई है कि हम कई महीनों तक बिना पानी के रह सकते हैं।'

बेटा- 'अच्छा, फिर हमारी टाँगें इतनी लंबी-लंबी क्यों हैं? और

पाँव ऐसे गोल-गोल क्यों हैं?'

ऊँटनी- 'रेगिस्तान में हमारे पाँव रेत के अंदर धँस न जाएँ इसलिए वे चपटे और गोल होते हैं। लंबी यात्रा में जल्दी से बड़ा अंतर काटने के लिए ये लंबी टाँगें हमें बड़े-बड़े कदम उठाने में मदद करती हैं।'

बेटा- 'हमारी भौहें इतनी बड़ी-बड़ी क्यों हैं?'

ऊँटनी- 'बेटा रेगिस्तान में इतने तूफान होते हैं, जिस कारण रेत के सूक्ष्म कण आँखों में जाते हैं। उनसे बचने के लिए बड़ी भौहें वरदान होती हैं।'

बेटा (खुश होकर)- 'अरे वाह! हमारे शरीर में यह तो बड़ी ही सुंदर व्यवस्था की गई है।'

आगे ऊँट अपनी माँ से बड़ा ही महत्वपूर्ण सवाल पूछता है- 'माँ यदि हम रेगिस्तान के लिए पैदा हुए हैं तो प्राणी संग्रहालय (Zoo) में क्या कर रहे हैं?'

अब ऊँटनी क्या कहती है, उससे भी अधिक महत्वपूर्ण है कि हम किसलिए निर्मित हुए हैं? मनुष्यदेह किसलिए रची गई है?

खैर प्रस्तुत कहानी में ऊँटनी, ऊँट जाति का महत्त्व बताते हुए कहती है, 'भले ही हमारे (ऊँटों के) शरीर में इतनी सारी खूबियाँ हैं लेकिन हम कभी आत्मसाक्षात्कार (मोक्ष) प्राप्त नहीं कर सकते। यह संभावना केवल मनुष्यदेह में ही है।'

ऊँटनी के जवाब पर दो मिनट रुककर मनन करें कि 'ईश्वर द्वारा मनुष्यदेह को किसलिए रचा गया है और मनुष्य अज्ञान में क्या कर रहा है?

असल में इंसान को हृदयस्थान यानी तेजस्थान पर रहने के लिए तैयार किया गया है मगर वह चिंताओं के रेगिस्तान में जी रहा है। जैसे- 'फलाँ रिश्ता टूट गया, फलाँ से ब्रेकअप हो गया, पैसे की तंगी आ गई, कल खाना मिलेगा या नहीं मिलेगा, नौकरी मिलेगी या नहीं, भविष्य में हमारा क्या होगा, कहीं फलाँ बीमारी तो नहीं होगी, बीमारी के कारण हम मर तो नहीं जाएँगे' आदि।

इंसान यदि चिंताओं के परे जाकर सोचेगा तो उसे ज्ञात होगा कि ऊँट को देह मिली है रेगिस्तान के लिए, जबकि मनुष्य को देह मिली है, तेजस्थान पर रहकर आनंद लेने के लिए। परंतु वह यह बात भूल गया है इसलिए उसे जीवन में खुशी, प्रेम, संतुष्टि महसूस नहीं होती।

जी हाँ! हृदयस्थान पर रहते हुए, अपने ज़िंदा होने का एहसास पाकर हमें आज़ाद होना है, (मोक्ष) मुक्ति प्राप्त करनी है। हमारा शरीर ईश्वर का आइना है। मगर इस आइने में हम क्या देख रहे हैं? पीठ पर चिंताओं का बोझ, पैर माया में अटके हुए और आँखों में विज्ञापनों और माया की धूल। हमें सीधी पीठ मिली है, ध्यान में बैठकर परमचेतना को ग्रहण करने के लिए। माया के जाल को काटकर, हमें तेजी से कदम उठाते हुए, जीवन के सार पर ज़ल्दी पहुँचना है ताकि वहाँ से हम अपनी ज़िंदगी को आज़ाद होते हुए देख पाएँ, न कि माया के विज्ञापन को देखकर अटक जाएँ। साक्षीभाव से शरीर के अंदर-बाहर और इसके भी परे देखने की कला सिर्फ मनुष्यदेह में विकसित हुई है। तो क्या हम दोनों आँखों का उपयोग ज्ञान की तीसरी आँख खोलने के लिए कर रहे हैं? ज्ञान के प्रकाश में ही हम खुद को और संसार को देख पाते हैं।

अतः सुबह उठकर खुद को याद दिलाएँ, 'तुम्हें मनुष्यदेह मिली है... तुम तेजस्थान के लिए बने हो... तेजस्थान पर रहते हुए जीवन जीने के लिए तुम्हारे अंदर सारी व्यवस्था की गई है... तुम्हें तेजस्थान से आनेवाले हुकुम पर जीना है... हुकुम साधना करनी है... मुक्ति प्राप्त करनी है।'

आइए, ऊँटनी की बातों पर गहरा मनन कर, मनुष्यदेह को जिस उच्चतम लक्ष्य के लिए कुदरत ने रचा है, उसे जान लेते हैं। ताकि हम उसी तरह का जीवन जीकर, अपनी मोक्ष प्राप्ति के लक्ष्य तक पहुँच जाएँ।

तात्पर्य : कुदरत की निर्मिति बहुत ही अनमोल है और मनुष्यदेह इसमें सबसे अनोखी है। जिसका हर अंग कुछ विशिष्ट उद्‌देश्य साध्य करके, हमें मोक्ष प्राप्ति में मदद करने में सक्षम है। इसलिए हमें इस मनोशरीरयंत्र (मनुष्य देह) का सही इस्तेमाल करना है। अपना शरीररूपी आइना साफ करके, खुद का असली दर्शन करना है ताकि जीवन सफल हो जाए और हम आज़ादी से अभिव्यक्ति कर पाएँ।

संसार में हर चीज़ का उद्देश्य है और प्रत्येक जीव की विशेषताएँ उसके जीवन की स्थिति से मेल खाती हैं।

प्रस्तुत कहानी से यह सीख मिलती है कि भले ही ऊँटों के पास शारीरिक विशेषताएँ हैं लेकिन वे आत्मसाक्षात्कार (मोक्ष) प्राप्त नहीं कर सकते। इसका अर्थ मनुष्य का उद्देश्य और जीवन का महत्त्व कुछ विशेष है।

प्रस्तुत कहानी यह भी बताती है कि हमें जीवन का सही उद्देश्य जानने की कोशिश कर, आत्मज्ञान (आध्यात्मिक ज्ञान) की ओर अग्रसर होना चाहिए।

अपना मत दर्शाएँ :

- क्या आप अपनी रीढ़ की हड्डी को सीधा रखने का महत्त्व समझते हैं?
- क्या आप चिंता के रेगिस्तान में व्याकुल रहते हैं या कृपा के बहाव में आज़ादी महसूस करते हैं?
- क्या साक्षी होकर हर एक दृश्य देखने की कला आपने जानी है?
- मनुष्यदेह का निर्माण 'मुक्ति से अभिव्यक्ति' करने के लिए हुआ है, इस पर पाँच पंक्तियाँ लिखें।
- मनुष्यदेह की मौलिकता का वर्णन कीजिए।

छत्तीसवाँ

बिंदास शेर बना शिकारी

आप खास हैं

किसी जंगल के बाहर एक शिकारी रहता था, उसका घर काफी बड़ा था। जिसमें कई घोड़े, गाय, बकरियाँ, भेड़, मुर्गियाँ आदि जानवर रहते थे। अब आप समझ सकते हैं कि उस शिकारी का जीवन कितना व्यस्त होगा। वह हमेशा जानवरों के साथ मगन रहता था। उसकी एक विशेषता यह थी कि उसे जानवरों की भाषा आती थी इसलिए वह सभी जानवरों से बातें किया करता था।

जब भी किसी जानवर को बच्चा होता था तो शिकारी उस बच्चे के कान में दो बातें बताता था, जिनमें से एक सच और दूसरी झूठ होती थी। क्या आप वे दो बातें जानना चाहते हैं? उत्सुकता तो ज़रूर होगी। आइए, जानते हैं।

शिकारी बच्चे के कान में यह झूठ बताता था कि 'मैं तुम्हें नहीं मारूँगा, न ही काटूँगा।' फिर एक सच बताता था कि 'तुम खास हो।' अब आप ही बताइए, इन दो बातों में से कौन सी बात याद रखना ज्यादा आसान है? यदि हमारे बच्चों को ये दो बातें सुनाएँगे तो वे कौन सी बात याद रखेंगे? आपने गौर किया होगा कि अकसर बच्चे सच बात भूलते और झूठ याद रखते हैं। ऐसा क्यों होता होगा? सच को भूलना और झूठ को याद रखना आसान लगता होगा।

जी हाँ! ठीक ऐसा ही जानवरों के बच्चों के साथ भी हुआ। वे बच्चे जब बड़े हो जाते थे तो बाय डिफॉल्ट वे सच भूल जाते थे और झूठ याद रखते थे। वे सोचते थे, 'यह शिकारी बाकी जानवरों को काट सकता है लेकिन हमें तो काटनेवाला नहीं है।' जैसे कि उनकी मृत्यु होनेवाली नहीं है, मृत्यु तो दूसरे जानवरों की होनेवाली है।

निश्चिंत होकर इस तरह उन्हें झूठ याद रहता था और सच भूल जाते थे इसलिए वे उस बाड़े में रहते थे। नतीजन शिकारी का यह काम बिना रुके चल रहा था। सच को भूलना शायद उन बच्चों के लिए आसान था।

इसी बात को आप अपने जीवन में भी लागू करके देख सकते हैं कि आप सत्य की बातें सुनते हैं मगर पड़ोसी को देखकर, परिवार के सदस्यों का व्यवहार देखकर सब भूल जाते हैं। नकारात्मक परिस्थिति आते ही सत्य याद नहीं रहता।

बहरहाल, शिकारी कई सालों तक बच्चों का निरीक्षण करता रहा तब उसने जाना कि बड़े होते-होते बच्चे सच बात भूल जाते हैं। वर्षों तक शिकारी का यही अनुभव रहा मगर एक बच्चे में बाय डिफॉल्ट सेटिंग बदल गई। ऐसे कुछ अपवाद होते हैं न! उस शिकारी ने देखा कि उनमें एक बच्चा अलग है। उस बच्चे ने सच याद रखा और झूठ को भूल गया।

अब आप सोच रहे होंगे कि 'उस बच्चे ने झूठ भूलाकर सच को याद रखा है, यह शिकारी को कैसे मालूम हुआ?' हुआ यूँ कि शिकारी ने जब उस बच्चे का गहराई से निरीक्षण किया तब उसे पता चला कि बड़े होते-होते उसका व्यवहार दूसरे बच्चों से कुछ अलग है। वह बच्चा शेर की तरह बिंदास रहने लगा। शिकारी को बड़ा आश्चर्य हुआ। वह जान गया कि उस बच्चे ने सच बात याद रखी है इसलिए उसके बोल-चाल में कुछ खास बात है। शिकारी ने उसे शाबाशी दी। उस बच्चे की गर्जना सुनकर शिकारी को सबूत मिल चुका था कि वह 'खास' है और जंगल में रहने के लिए तैयार हुआ है।

शिकारी ने उससे कहा, 'अब तुम जंगल में जाकर बिंदास रहो।' क्योंकि उसका अगला विकास होने के लिए जंगल में जाना ज़रूरी था। इसलिए शिकारी ने बच्चे को 'तुम्हारा आगे का रोल जंगल में है', कहकर उसे आज़ाद कर दिया।

कहानी में आगे एक यूटर्न आनेवाला है लेकिन

उसे जानने से पहले अब तक समझी बातों पर मनन करते हैं। क्या हम भी बचपन में कुछ सच और कुछ झूठ सुनते आए हैं? और फिर बड़े होते-होते हम कौन सी बातें याद रखते हैं? क्या आपको याद है कि बचपन में हम अपने हृदयस्थान (तेजस्थान) से जुड़कर, ज़िंदा होने के एहसास में सहज जीते थे। तब हमें 'मैं शरीर हूँ' यह विचार नहीं आता था। धीरे-धीरे हमें यह बताया गया कि 'मैं यानी शरीर।' (तुम शरीर हो)

बचपन में कभी हमें बहुत खास भी कहा गया है और कभी उपहास भी हुआ है। हमने उनमें से कौन सी बातें आज तक याद रखी हैं? कहीं 'मैं शरीर हूँ' यह झूठ तो याद नहीं रखा है? इस झूठ को याद रखने से ही आज हम माया में इतने उलझे हैं कि किसी शरीर की मृत्यु होने के बावजूद भी सही मनन नहीं होता। कम से कम तब तो याद आए कि हम खास (स्व) अनुभव करने के लिए पृथ्वी पर आए हैं और उसके लिए शरीर का होना महत्वपूर्ण है। वरना इस शरीर की मृत्यु होने पर झूठ ही हमारे साथ रहेगा। इससे पहले खुद का असली स्वरूप जानना ज़रूरी है।

एक दिन हमें भी अपने अगले विकास के लिए इस शरीर को छोड़कर आगे जाना है। क्या यह बात याद है? क्या हमारे बरताव से यह साबित होता है?

हमारा आंतरिक रूपांतरण ही इसका सबूत है। हमारा व्यवहार ही बताता है कि हमने कौन सी बात याद रखी है। यदि हमें सच याद है यानी 'हम खास हैं' यह बात याद है तो हमारे बोल-चाल में खासियत आती ही है। जब हम स्वयं की असली पहचान पाते हैं तो बिलकुल बिंदास शेर की तरह जीने लगते हैं। 'मैं कौन हूँ?' का जवाब अनुभव से जानने के बाद हमारे अंदर रूपांतरण होता है। जैसे उस जानवर के बच्चे में शिकारी को शेर जैसी काबिलियत दिखी इसलिए उसे जंगल भेजा गया। जंगल में जाकर उस बच्चे ने अपना अगला विकास किया।

फिर इस काल्पनिक कहानी में एक चमत्कार हुआ। कुछ सालों बाद उस शिकारी के पास दूसरा शिकारी आया। पहले शिकारी ने उस नए शिकारी से पूछा, 'तुम कौन हो?' तब दूसरे शिकारी ने कहा, 'मैं कौन हूँ, यह नहीं बता पाऊँगा मगर इतना जानता हूँ कि आप खास हो। आपका नाम और काम भी बहुत खास है।'

यह जवाब सुनकर पहले शिकारी ने कहा, 'मैं तुम्हें पहचान गया। तुम वही पहले शेर हो, जिसे मैंने जंगल में भेजा था।' शिकारी ने पाया कि वह बच्चा जंगल में पूर्णरूप से विकसित होने के कारण अब शिकारी में रूपांतरित हुआ है। है न, खास बात!

जो जानवर का बच्चा पहले डर-डरकर जी रहा था, वह सच बात याद रखने के कारण शेर जैसे बिंदास बना और जंगल में जाकर पूरी तरह से विकसित होकर खास शिकारी बन गया। अब वह भी आनेवाले बच्चे को बताता है कि 'तुम खास हो।' चूँकि उसने यह अनुभव से जाना है इसलिए वह अपने जैसा खास बच्चा बनाने की सेवा में जुड़ गया। आप भी यह बात ज़रूर याद रखें कि **'आप खास हैं।'**

तात्पर्य : इंसान का मन कई सारी बातें सुनता है मगर उनमें से जिस पर विश्वास करता है, वही उसके जीवन में प्रकट होता है। इसलिए हमें सच बात याद रखनी है कि 'हम शरीर नहीं बल्कि सेल्फ, चैतन्य, परमचेतना है, अपने जिंदा होने का एहसास हैं' ताकि विकास की सीढ़ी चढ़कर हम भी एक दिन पूर्णतः रूपांतरित हो जाएँ, उच्चतम संभावना को खोलकर अव्यक्तिगत सेवा में जुड़ जाएँ।

बच्चे अकसर झूठी बातों को आसानी से याद रखते हैं क्योंकि झूठ में आकर्षण और झूठी सुरक्षा का अहसास होता है, जो उन्हें सहज रूप से आकर्षित करता है।

जीवन में झूठ से बचकर सच्चाई को समझना ज़रूरी है ताकि हम झूठे वादों और नकली सुरक्षा से बचकर सच्चाई का सम्मान कर सकें।

अपना मत दर्शाएँ :

- अपने मन में धारण की हुई एक बात को लिखें, जिसके कारण आप खुद को विकसित होते हुए महसूस करते हैं।
- 'आप खास हैं', इस सच बात पर कितना विश्वास करते हैं? अपने व्यवहार को जाँचकर देखें।
- 'आप खास हैं', यह बतानेवाला कोई आपको मिला है क्या?
- क्या आपको खुद का असली स्वरूप पता है?
- आप डर-डरकर जीते हैं या बिंदास होकर?

सैंतीसवाँ

हंस की युक्ति, कौए की मुक्ति

ज्ञान के मोती प्राप्त करें

एक माया नाम की स्त्री थी। उसने अपने पेड़ पर एक पक्षी पाल रखा था, बिलकुल वैसे जैसे आज-कल कई लोगों को विज्ञापनों ने पाल (बाँध) रखा है।

खैर, माया के पेड़ पर रहनेवाला पक्षी हर महीने अपने पंख में एक मोती पैदा करता था। चूँकि माया उस पक्षी को हर रोज़ दाने खिलाती थी, सो वह माया को मोती देता। उस पेड़ पर एक छेद था। माया उस पक्षी को हर महीने कहती, 'अपना मोती पेड़ के छेद में डालो' और पक्षी वैसे ही करता।

यह सिलसिला कई महीनों तक चलता रहा मगर जब वह पक्षी बहुत बड़ा हुआ तो उसके पंखों से मोती निकलने बंद हो गए। जैसे इंसान हर महीने मेहनत करके तनख्वाह पाता है और विज्ञापनों के चक्कर में आकर, खाने की लालसाएँ पूर्ण करने तथा माया (दिखावे) के बहकावे में आकर अपनी सारी तनख्वाह खर्च कर देता है, ठीक वैसे ही।

कहानी में जब पक्षी मोती नहीं दे पाया तब माया उसे खाना खिलाना बंद कर देती है। पक्षी माया से पूछता है, 'मुझे खाना खिलाना क्यों बंद किया?' मगर माया कुछ बोलने की बजाय पक्षी पर काला रंग उड़ेल देती है। अब बेचारा पक्षी पूरा काला हो जाता है और पेड़ पर बैठकर 'काँव-काँव' करता रहता है।

एक दिन वहाँ एक हंस आता है। उदास कौए को देखकर उससे पूछता है, 'तुम 'काँव-काँव' क्यों कर रहे हो?' कौआ सारी आपबीती सुनाता है। जैसे किसी

के पूछने पर कई बड़े-बुजुर्ग उदास रहकर, अपनी ज़िंदगी की कहानी बड़े ध्यान से बताते हैं वैसे।

हंस ने कौए की सारी बातें सुनीं और पूछा, 'क्या तुमने थोड़ी भी बुद्धि इस्तेमाल नहीं की? तुम्हें वह मोती खाकर देखना था... माया के जाल में नहीं फँसना था... मोती मुक्ति है यह ज्ञान प्राप्त करना था...।'

कौए ने स्वीकार करते हुए कहा, 'हाँ! मैंने बुद्धि का इस्तेमाल नहीं किया।' इस पर हंस ने कहा, 'खैर कम से कम अब तो थोड़ी बुद्धि इस्तेमाल करो।'

आगे कौए ने पूछा, 'अब मैं क्या करूँ?' हंस ने कहा, 'पहले तो इस पेड़ को कटवाने का इंतजाम करो। तुरंत किसी लकड़हारे के पास जाओ।'

'हाँ, यह ठीक है' कहकर कौआ तुरंत लकड़हारे के पास पहुँचा और बोला, 'आप चलकर उस पेड़ को काटो ताकि मैं अपने मोती निकालूँ और खाऊँ।' कौए की बात सुनकर लकड़हारा बोला, 'मैं क्यों चलूँ? मैं नहीं आता।' यह सुनकर कौआ उदास लौट आया।

दूसरे दिन हंस ने कौए से पूछा, 'क्या हुआ?' तब कौए ने बताया कि 'लकड़हारे ने मेरी बात नहीं मानी।' उस पर हंस बोला, 'अरे! बुद्धि इस्तेमाल करो। लकड़हारा किसकी बात मानता है, यह जानो।'

पता करने पर कौए को जानकारी मिली कि लकड़हारा राजा की बात मानता है। फिर वह राजा के पास पहुँचा और कहने लगा, 'राजन, आप लकड़हारे से पेड़ काटने के लिए कहें ताकि मुझे मेरे मोती मिलें और उन्हें मैं खा सकूँ।' परंतु राजा ने कहा, 'मैं क्यों कहूँ?' राजा की बात सुनते ही कौआ फिर से उदास होकर, पेड़ पर आकर बैठ गया।

क्या आप भी इस तरह कुछ न मिलने पर उदास, दु:खी होते हैं? जीवन में हर दु:खद घटना कुछ उपहार लेकर आती है इसलिए हमें घटना पर दुःख मनाने की

बजाय उसमें छिपा अपना सबक सीखना चाहिए। हंस जैसे अच्छे दोस्त से सलाह लेकर, प्रेरणा पाकर अपने अंदर झाँकना चाहिए यानी बुद्धि का सही इस्तेमाल करके अपनी गलतियों को सुधारना चाहिए।

कहानी में तो कौआ पेड़ में मौजूद मोती पाने के लिए तैयार हुआ मगर हमें जीवन में किस मोती को पाना है? धन-दौलत भी एक सीमा के बाद मायाजाल बढ़ाती है। इसे पहचानना ज़रूरी है... ऐसी क्या वजह है कि इंसान माया में फँसकर गलतियों पर गलतियाँ करता है?

इंसान से होनेवाली गलतियों का मुख्य कारण है, अज्ञान। अज्ञान मिटाना है तो हमें बाहर के नहीं, हमारे अंदर के मोती पाने हैं। **ज्ञान के मोती पाने हैं।** ये मोती पाकर ही अज्ञान मिटता है इसलिए बुद्धि तथा धन संपत्ति का इस्तेमाल ज्ञान प्राप्ति के लिए करना चाहिए ताकि जीवन के अंत में पछताने की नौबत ही न आए। हर दुःखद घटना हमारे लिए नई सीख बन पाए।

कहानी में भी ऐसा ही हुआ। हंस ने कौए से कहा, 'थोड़ी पूछताछ करो, राजा किसकी सुनता है, यह सोचो।' कौए को पता चला कि राजा अपनी रानी की सुनता है। फिर कौआ रानी के पास पहुँचा और उससे बिनती करने लगा, 'आप रुठें तो राजा लकड़हारे से पेड़ काटने के लिए कहे और मुझे मोती मिल जाएँ।' परंतु रानी ने कहा, 'मैं क्यों रूठूँ?' अब फिर से कौआ उदास हो गया। तब हंस ने कहा, 'दूसरा इलाज ढूँढ़ो, पूछताछ करो कि रानी किस चीज़ से डरती है।'

पूछताछ करने पर कौए को पता चला कि रानी छिपकली और साँप से डरती है। कौआ साँप के पास जाकर बोला, 'हे साँप, तुम रानी को डराओ ताकि वह राजा से रूठे और राजा लकड़हारे को पेड़ काटने की आज्ञा दे, फिर मुझे मेरे मोती मिलेंगे।' मगर साँप ने भी कहा, 'मैं क्यों डराऊँ? जाओ मैं नहीं डराता।'

इस बार साँप का जवाब सुनकर कौआ उदास नहीं हुआ बल्कि बुद्धि का इस्तेमाल करने लगा। उसके मन में विचार आया कि 'साँप भी किसी से डरता होगा।' फिर उसे याद आया कि साँप तो डंडे से डरता है। तब कौए ने डंडे से कहा, 'तुम साँप की पिटाई करो ताकि वह रानी को डराए और रानी रूठकर राजा से कहे, लकड़हारे को आज्ञा दो ताकि लकड़हारा पेड़ काटे और मुझे मेरे मोती मिले।' परंतु डंडे ने भी कौए से कहा, 'मैं साँप की पिटाई नहीं करूँगा।'

इस बार भी कौए ने उदास होने की बजाय बुद्धि लड़ाई। अब उसे पूछताछ की आदत जो पड़ गई थी! इस तरह जाने-अनजाने में ही सही हंस ने कौए को दिमाग का इस्तेमाल करके सही पूछताछ करने के लिए प्रेरित किया।

आपको भी अपने मूलस्वरूप (सेल्फ) को उजागर करने हेतु प्रेरित किया जाता है कि 'स्वयं की पूछताछ करो, 'मैं कौन हूँ जानो?' इस सवाल को बार-बार उपयोग में लाओ और जब तक 'असली मैं' का दर्शन नहीं होता तब तक पूछताछ जारी रखो।' ज्ञान के मोती पाकर अंततः हमें खुद को (असली मैं को) जानना है, यही आत्मसाक्षात्कार है। यही 'स्व' का स्वाद (अनुभव) है। कौआ, जो अपने मोती को खाना चाहता है, वह इसी स्वअनुभव की तरफ इशारा कर रहा है।

चलिए, आगे कौआ क्या करता है, जानते हैं। कौए ने सोचा, 'डंडा आग से डरता है तो क्यों न आग के पास जाए।' फिर वह आग के पास पहुँचकर बोला, 'हे आग तुम डंडे को डराओ ताकि डंडा साँप को डराए। फिर साँप रानी को और रानी रूठकर राजा से कहे, लकड़हार को पेड़ काटने के लिए भेजे और मुझे मेरे मोती मिले।' मगर आग ने भी डंडे को डराने से इनकार कर दिया।

फिर कौआ सोच-विचार करने के बाद तालाब के पास पहुँचकर उससे कहने लगा, 'तुम अपने पानी से आग को बुझाने जाओ ताकि आग डरकर डंडे को डराए। फिर साँप और रानी तक डर पहुँचे और रानी, राजा से कहे कि लड़कहारे से पेड़ काटने के लिए भेजे ताकि मुझे मोती मिले और मैं उन्हें खाऊँ।' परंतु इस बार भी कौए को सफलता नहीं मिली। तालाब ने कहा, 'मैं क्यों आग को बुझाऊँ?'

अब कौए को पूछताछ करना, दिमाग चलाना यह एक न खतम होनेवाली प्रक्रिया लगने लगी। उसने उकताकर हंस से कहा, 'यह सिलसिला तो बढ़ता ही जा रहा है। इसका कहीं अंत ही नज़र नहीं आ रहा है।' हंस ने जोश भरे स्वर में कहा, 'लगे रहो, पूछताछ जारी रखो।'

जैसे आत्मसाक्षात्कार पाने के लिए इंसान को भी बीच में ही ये विचार सताने लगते हैं कि 'आखिर कब तक खोज करनी है? 'मैं कौन हूँ?' यह पूछताछ कब तक करनी है? क्या कभी इसका अंत भी होगा?' परंतु हंस यानी जिसने अंतिम सत्य पाया है, जिसे आत्मसाक्षात्कार हुआ है, वह भली-भाँति जानता है कि एक दिन हम अपने अंदर बसे परम सत्य से मिलते ही हैं। ज़रूर एक दिन अंतिम सत्य प्रकट होता है और हम खुद का साक्षात्कार कर पाते हैं। इसलिए हंस की बातों पर विश्वास जगता है, जैसे कौए का भी जगा।

कौए ने पूछताछ जारी रखी। फिर उसे पता चला कि फलाँ हाथी पूरे तालाब का पानी पी सकता है इसलिए तालाब हाथी से डरता है। कौए ने हाथी से मिलकर कहा, 'तुम तालाब को डराओ ताकि वह आग को, आग डंडे को, डंडा साँप को

और साँप रानी को डराए। फिर रानी रूठकर राजा को कहे कि 'लकड़हार से पेड़ कटवाओ' ताकि मुझे मोती मिले' मगर हाथी ने भी कौए को मना कर दिया।

अब तक कौआ पूछताछ (मनन) करने में माहिर बन चुका था। उसने सोचा, हाथी को, तालाब को डराने के लिए मनाना है तो रस्सी के पास जाना होगा क्योंकि हाथी रस्सी से बँधना नहीं चाहता।' आगे उसका मनन हुआ, रस्सी भी उसे मना कर सकती है तो रस्सी को डराने के लिए चूहे के पास जाना होगा क्योंकि चूहा रस्सी को कुतर सकता है। फिर उसे विचार आया, 'चूहा भी मना कर दे तो उसे बिल्ली के पास जाना पड़ेगा।' आगे थोड़ा और मनन हुआ, 'यदि बिल्ली भी मना करे तो बिल्ली का जो मालिक है मायापति, उसके पास जाना उचित रहेगा।'

यह सोचकर कौआ सीधा मायापति के पास पहुँचकर कहने लगा, 'आप अपनी बिल्ली से कहें कि वह चूहे को डराए ताकि चूहा हाथी को डराए। बंधन से डरकर हाथी तालाब का पानी पी जाए, तालाब आग बुझाए। आग डंडे को डराए, डंडा साँप को पीटे, डरकर साँप रानी को डराए, रानी राजा से रूठे, राजा लकड़हार को पेड़ काटने के लिए कहे, पेड़ कटने से मुझे मोती मिले और मैं उन्हें खाऊँ।'

अब तक कौए का गहरा मनन हुआ था, उसे हंस बनना था। वह जान चुका था कि वह भी हंस बन सकता है यानी अंतिम सत्य पा सकता है। इतनी लंबी पूछताछ के दौरान कौआ अंदर से प्रेरित हुआ था। उसे हंस ने बताया था कि 'हकीकत में तुम कौए नहीं, हंस हो।' ठीक उसी तरह, जिस तरह हमें जागृत गुरु कहते हैं कि 'हम शरीर नहीं, सेल्फ (चैतन्य) हैं।' इसलिए कौए ने मायापति से आगे कहा, 'मैं मोती खाऊँ ताकि मैं भी मोती खाकर हंस बन जाऊँ; सबको हँसाऊँ, खुद खुलकर हँस पाऊँ और जितने भी कौए हैं उन्हें भी बता पाऊँ, 'तुम भी हंस हो।' यह सुनकर मायापति ने तुरंत अपनी बीवी माया (जो कौए की मालकिन थी) को बुलाकर कहा, 'तुम बिल्ली से कहो कि वह चूहे को डराए...' है न मज़ेदार कहानी!

यह कहानी सिखा रही है कि किस तरह माया के चक्कर में आकर चेतना गिरती है। फिर उसे ऊपर उठाने के लिए लंबी यात्रा करनी पड़ती है। ऐसे में बेहतर है कि हम मायापति यानी अपने अंदर बसी असीम शक्ति, जिसके सामने माया का कुछ भी नहीं चलता, उसे पहले ही जगाएँ ताकि हम हंस बन जाएँ यानी अपने मूल स्वरूप में आ आएँ।

यहाँ और एक बात स्पष्ट होती है कि जब तक मायापति (स्वअनुभव) न मिले तब तक खोज, स्व की पूछताछ, 'मैं कौन हूँ' का जाप जारी रखना आवश्यक

है। आपको अपना स्वानुभव (मायापति) मिले, अपने मोती मिले और आप हंस बन जाएँ, इसके लिए ढेर सारी शुभकामनाएँ।

तात्पर्य : हंस अर्थात जागृत गुरु की युक्ति को स्वीकार करके, इस्तेमाल करके अपने मोती यानी अपने असली स्वरूप की खोज तब तक जारी रखें, जब तक मायापति के दर्शन न हों। ताकि माया द्वारा बना जाल, माया स्वयं ही खतम करे और हम हंस बनकर उड़ जाएँ।

हम अकसर माया के प्रभाव में आकर अपनी असली पहचान और उद्देश्य भूल जाते हैं। परंतु अगर हम सही दिशा में, बुद्धि का प्रयोग करके और सही प्रश्न पूछते हुए, जीवन के सत्य को जानने की कोशिश करें तो अपने वास्तविक स्व (हंस) तक पहुँच सकते हैं।

यह कहानी आत्म-निरीक्षण, अपनी पूछताछ और शांति के साथ, खुद को जानने की ओर इशारा करती है। जैसे कौआ माया से मुक्त होकर हंस बनने की ओर अग्रसर होता है, वैसे ही हमें भी अपनी आंतरिक शक्ति को पहचानने की आवश्यकता है।

यह यात्रा हमें अपने अस्तित्व के उद्देश्य को जानने और जीवन में सच्चे सुख की ओर मार्गदर्शन करती है।

अपना मत दर्शाएँ :

- कहानी में आनेवाले हर पड़ाव से आपने क्या सीखा, इस पर मनन करें।
- माया और मायापति को जीवन में कैसे इस्तेमाल करना है, इस पर पाँच पंक्तियाँ लिखें।
- क्या आप अपने मोती माया के चक्कर में खोते हैं?
- जो मोती (ज्ञान) खोया, उसे पाने के लिए आप किस तरह के कार्य कर रहे हैं?
- क्या आपमें हंस बनने की शुभ इच्छा जगी है?

अड़तीसवाँ

सियार का खोल, सत्य का ढोल

सत्य के जीत की गूँज

एक बार किसी जंगल के नज़दीक दो राजाओं के बीच घनघोर युद्ध हुआ। हारे हुए राजा के साथ उसके सिपाई अपने राज्य में चले गए। जीते हुए राजा की सेना हर्ष-उल्हास केसाथ अपने नगर की ओर निकल पड़ी। उस राजा के साथ उसकी सारी सेना हर रात ढोल बजाकर वीरता की कहानियाँ सुनती थीं। इन्हीं कहानियों से बल पाकर दूसरे दिन वे फिर से युद्ध किया करते थे। चूँकि उनकी जीत हुई इसलिए अब वे बड़े खुशी से झूमते-गाते अपनी नगरी में चले गए। परंतु उनका एक ढोल पीछे रह गया।

एक दिन आँधी आई और वह ढोल लुढ़कते-लुढ़कते एक सूखे पेड़ के पास जाकर टिक गया। उस पेड़ की दो-तीन टहनियाँ ढोल से कुछ इस तरह से सट गई थीं कि तेज हवा चलते ही वे टहनियाँ ढोल पर टकरा जातीं और 'ढम-ढमा-ढम' की आवाज़ गुंजायमान होती।

जंगल के उस हिस्से में एक सियार घूमा करता था। जब उसने अचानक ढोल की आवाज़ सुनी तो वह घबरा गया। भयभीत सियार सोचने लगा, 'यह किस जानवर की आवाज़ है? कौन सा प्राणी ढमढमाढम की बोली बोलता है?' क्योंकि सियार ने आज तक ऐसे बोल बोलनेवाले जानवर को कभी देखा नहीं था। कुछ देर एक पेड़ के पीछे छिपकर सियार ने उस ढोलक की तरफ गौर से देखा। उसे लगा कि यह कोई नया जानवर है। उसने नए जानवर को जानने की बहुत कोशिश की मगर उसे कुछ समझ में नहीं आया। वह सोच में पड़ गया कि 'यह जानवर चार टाँगों पर दौड़नेवाला होगा या आकाश में उड़नेवाला?'

आखिरकार कुछ न समझने के कारण भयभीत सियार वहाँ से चुपचाप खिसक गया। दूसरे दिन जब सियार फिर से वहाँ आया तब उसने ढोल को वहीं देखा और चौंक गया, 'अरे! यह जानवर तो अभी भी यहीं है।' वह तुरंत एक पेड़ के पीछे जाकर छिप गया और वहाँ से ढोल को निहारने लगा। तभी पेड़ से नीचे उतरती एक गिलहरी ढोल पर कूद गई, जिससे 'ढम' की हलकी सी आवाज़ आई। फिर गिलहरी ढोल पर बैठे-बैठे दाने कुतरने लगी। यह देखकर सियार मन ही मन बड़बड़ाया, 'यह तो कोई हिंसक प्राणी नहीं दिखता, मतलब मुझे घबराने की ज़रूरत नहीं है।'

फिर फूँक-फूँककर कदम बढ़ाते हुए सियार ढोल के नज़दीक पहुँचा। तब उसे न कोई सिर नज़र आया, न ही पैर। सियार हिम्मत जुटाकर ढोल को सूँघकर देखने लगा। उतने में पेड़ की झुकी टहनियाँ हवा के झोंके से ढोल पर टकराई और ढमढमाढम की आवाज़ आई। बेचारा सियार डर के मारे एकदम उछलकर पीछे जा गिरा। फिर मन ही मन बड़बड़ाने लगा, 'यह तो बाहर का खोल दिखाई पड़ता है यानी आवाज़ निकालनेवाला जीव इस खोल के अंदर होना चाहिए। खोल के अंदर से वह इतनी ज़ोरदार बोली बोलता है, इसका अर्थ वह काफी मोटा-ताजा और चर्बी से भरा शरीरवाला प्राणी होना चाहिए।' इस तरह मन में कुछ अंदाज़ा लगाते हुए सियार अपने घर पहुँचा और बड़े जोश से अपनी पत्नी से कहने लगा, 'अरे सियारिन, दावत खाने के लिए तैयार हो जाओ। एक मोटे-ताजे शिकार का पता लगाकर आया हूँ।'

तब सियारिन ने पूछा, 'फिर तुम उसे मारकर, लेकर क्यों नहीं आए?' इस पर सियार ने कहा, 'उसका शिकार करना अकेले का काम नहीं है। वह तो एक खोल के भीतर बैठा हुआ है। और खोल ऐसा है कि उसमें दोनों तरफ सूखी चमड़ी के दरवाज़े हैं। यदि मैं एक दरवाज़े से खोल में हाथ डालूँ और वह दूसरी तरफ से भाग गया तो?'

एक दिन रात में चाँद निकलने पर दोनों (सियार और सियारिन) ढोल की ओर निकल पड़े। जब वे दोनों ढोल के निकट पहुँचे तब फिर से पेड़ की टहनियाँ हवा के कारण ढोल पर टकराने से ढमढमाढम की आवाज़ आई। तब सियार ने पत्नी से कहा, 'सुनो यह आवाज़ और ज़रा सोचो कि जिसकी आवाज़ इतनी गहरी है, वह खुद कितना मोटा-ताजा होगा।' दोनों ढोल के नज़दीक पहुँचे। उन्होंने ढोल को सीधा करके उसके दोनों दरवाज़ों पर नज़र डाली। सियार ने धीमी आवाज़ में सियारिन से कहा, 'ज़रा होशियार रहना, हमें शिकार को एक साथ दबोचना है।' फिर वे एक साथ ढोल के दोनों बाजू से नाखूनों से चीरते हुए हाथ डालकर भीतर टटोलने लगे। परंतु उनके हाथ कुछ भी नहीं लगा। उलटा जब उनकी पकड़ में एक-दूसरे का हाथ आया

तब वे चिल्ला उठें, 'यहाँ तो कुछ भी नहीं है।' यह कहकर वे बहुत दुःखी हुए। कितनी अनोखी कहानी है न यह! मगर केवल सही दिशा में मनन किया जाए तो बहुत ही गहरे इशारे देती है। आइए, इन इशारों को समझते हैं।

कहानी में हम उन राजाओं को 'सत्य' और 'माया' कह सकते हैं, जिनमें युद्ध होने पर सत्य की जीत होती है। आज हम देखते हैं कि जीवन के हर क्षेत्र में 'सत्य' और 'माया' (रियल सेल्फ और बाहरी दिखावा) में एक अदृश्य युद्ध चल रहा है। जैसे इंसान के आंतरिक गुण तथा भाव और बाहर से दिखनेवाला मेकअप तथा अविर्भाव या विज्ञापन में दिखाई देनेवाली कोई चीज़, इनमें हमेशा द्वंद्व चलते रहता है। जिसमें शुरुआत में माया का प्रभाव तो गहरा होता है मगर अंततः जीत सत्य की ही होती है।

सत्य की जीत अपनी एक विशेष गूँज संसार में छोड़ती है। यह संसार उस जंगल की तरह है, जिसमें कुदरत सत्य का ढोल स्वचलित, स्वनियंत्रित बजा रही है। साधारण इंसान इस ढोल की आवाज़ सुन नहीं पाता है। जो सियार जैसे टहलते हैं, उनके कानों पर सत्य की आवाज़ आती है। शुरू में तो माया के प्रभाव में जीनेवाले इंसान को डर लगेगा। मगर जब खोजबीन करके कोई संसारी सत्य के ढोल का पता पाता है तब उसकी आंतरिक यात्रा शुरू हो जाती है। और जब कोई ढोल के अंदर कुछ पाने की इच्छा रखता है तब उसे पता चलता है कि ढोल तो खाली है।

कहानी में ढोल इंसान के शरीर का प्रतीक है। जब इंसान अंतिम सत्य पाने के लिए शरीर पर सत्य ढूँढ़ने की कोशिश करता है, तब उसे पता चलता है कि इस शरीर के द्वारा सत्य की गूँज होती है, वह उसके अंदर छिपी किसी चीज़ के कारण नहीं बल्कि उसके अंदर बसे खालीपन के कारण।

जिसे हम 'कुछ नहीं' भी कह सकते हैं या फिर खाली 'हूँकार की गूँज' कह सकते हैं।

कहानी में सियार और सियारिन अपने लिए शिकार ढूँढ़ने अर्थात कुछ पाने के लिए निकले थे इसलिए ढोल के अंदर 'कुछ नहीं' पाकर अपना माथा पीटने लगे। मगर यदि कोई सत्य का खोजी अपने शरीर के अंदर चैतन्य अथवा रियल सेल्फ की खोज करके, अंत में 'कुछ नहीं' पाता है तब वह 'कुछ नहीं' सब कुछ होता है। तो क्या आप ऐसे सत्य को पाना चाहते हैं, जो 'कुछ नहीं' होकर भी 'सब कुछ' है?

यदि हाँ! तो आइए, इस कहानी पर खूब मनन करें ताकि इसमें छिपे गहरे इशारे पकड़ में आएँ और आपकी सत्य प्राप्ति की यात्रा अथवा असली स्व की खोज सफल हो जाए। धन्यवाद, शुभेच्छा!!!

तात्पर्य : अज्ञान में इंसान हर अनजान चीज़ को अपने विचारों की पात्रता अनुसार जाँचकर समझना चाहता है मगर अंतिम सत्य बुद्धि के पारवाली बात है, जो 'कुछ नहीं' होकर भी 'सब कुछ' है।

अपना मत दर्शाएँ :

- क्या उस सियार की तरह आप भी अंतिम सत्य को बुद्धि से समझने की कोशिश करते हैं?
- क्या आपने अपने अंदर के खालीपन को कभी महसूस किया है?
- क्या संत महात्माओं की कहानियाँ सुनकर, सत्य संबंधी भजन गाकर, माया के साथ हो रहा युद्ध जीतने का बल आपको प्राप्त होता है?
- 'कुछ नहीं' कुछ नहीं, नहीं है, 'कुछ नहीं' ही 'सब कुछ' है, इस पर मनन करके तीन पंक्तियाँ लिखें।
- आज आपके जीवन में 'सत्य' और 'माया' के बीच किसकी गूँज ज़्यादा है?

उनतालीसवाँ

श्री हाथी का आखिरी रहस्य

ग्रेटेस्ट क्वेश्चन

एक जंगल में कई हाथी संघ में रहते थे। उनमें से एक किशोर यानी उम्र से बड़ा हो रहा हाथी सबसे अलग था। उसके विचार बिलकुल भिन्न थे। वह खुद को हाथी कहलाना पसंद नहीं करता था। कोई जब उसे 'ए हाथी' कहकर पुकारता तो वह कहता, 'हाथी मत बोलो, साथी बोलो।' फिर कहता, 'अगर हाथी बोलना ही है तो सा-हा-थी बोलो।' तब सभी उस पर यह सोचकर हँसते थे कि 'यह तो इसका अपना विचार है।'

परंतु इस पर थोड़ा सोचेंगे तो पता चलेगा कि उस हाथी की बातों में एक गहराई थी। सिर्फ 'सा' जोड़ने से एकता का भाव आता है, नहीं तो भेदभाव आता है। जैसे यह अलग धर्म, जाति, राशि, पंथ आदि का है यानी हम उसे अलग कर डालते हैं। ऐसे ही होता है न, हम इंसान आपस में भेदभाव करके सत्य को खंडित कर देते हैं। 'साथी' कहने से एकता का भाव बना रहता है। जैसे 'यह फलाँ धर्म का मेरा साथी है' कहा तो अपना लगता है।

उस हाथी का भी ऐसा ही विचार था। सिर्फ विचार नहीं बल्कि उसका व्यवहार भी विचारों के अनुसार ही था। परंतु बाकी हाथी उस पर हँसते, कुछ सोचते थे कि 'विचार तो अलग हैं' और कुछ हाथी गंभीर होते थे। यह अनोखा हाथी हम इंसानों के लिए बड़े गहरे संकेत दे रहा है। आइए, इन्हें समझते हैं।

उस झुंड में कुल चार प्रकार के हाथी थे। जैसे लोग भी चार तरह के होते हैं।

पहले प्रकार के लोग कहते हैं– 'मैं न कल आज़ाद था, न आज आज़ाद हूँ, न कल होऊँगा।' क्योंकि ये लोग माया में इतने उलझे हुए हैं, अपराध में फँसे हुए हैं कि और

किसी की सुनना ही नहीं चाहते। 'मैं ही सही हूँ' मानकर जी रहे हैं।

दूसरे प्रकार के लोग कहते हैं– 'मैं कल आज़ाद नहीं था मगर आज हूँ और आनेवाले कल का पता नहीं।' यानी कल भी आज़ाद रहेंगे, इस पर उन्हें विश्वास ही नहीं होता।

तीसरे प्रकार के लोग कहते हैं– 'मैं कल आज़ाद नहीं था मगर आज हूँ और आनेवाले कल में भी रहूँगा।' यानी इन्हें विश्वास है कि वे आज़ाद रहेंगे।

चौथे प्रकार के लोग कहते हैं– 'मैं कल भी आज़ाद था, आज भी हूँ और कल भी रहूँगा।'

जिस तरह चार प्रकार की पंक्तियाँ कहनेवाले लोग हैं, वैसे उनके गुण भी हैं। या यूँ कहें कि चार प्रकार के हाथी हैं– सुस्त, चुस्त, तंदुरुस्त (तन-मन से दुरुस्त) और विवेक से दुरुस्त।

सुस्त, अपनी सुस्ती में टाइम पास करता है। इस लेवल से हर एक को ऊपर उठना चाहिए। सुस्त लोगों को अपने शरीर को क्रियाशील रखना चाहिए ताकि आरोग्य प्राप्त हो और बुढ़ापा भी अच्छे से गुज़रे। हाथी हो या इंसान शरीर को हिलाना-डुलाना, चलाना आवश्यक है। हर दिन शरीर का प्रत्येक अंग यानी आँख, कमर, गर्दन, घुटने, पाँव, ऊँगलियाँ, कलाइयाँ, बाँहें इत्यादि की हलचल होनी ज़रूरी है।

हर अंग सक्रिय रहने से शरीर तंदुरुस्त रहता है अथवा बीमार है तो दुरुस्त हो सकता है। मशीन को भी उपयोग में न लाने से जंग लगती है।

इसके विपरित चुस्त हाथी सतत क्रियाशील रहते हैं, बहुत काम करते हैं। और जो तन-मन से दुरुस्त हैं, वे संतुलित जीवन जीते हैं। वे आराम के समय आराम और काम के समय काम करते हैं।

जब ध्यान करना है तब ध्यान करते हैं। उनके लिए ध्यान भी सहज संभव है। वरना कुछ लोगों के लिए ध्यान को छोड़कर, सब काम करने के लिए समय होता है। वे पूर्ण रूप से तंदुरुस्त नहीं होते।

जो विवेक से दुरुस्त होते हैं, वे सत्य-असत्य के पारखी हैं। जिस तरह पानी और दूध में हंस फर्क करता है, उस तरह वे सत्य और असत्य का भेद समझते हैं। इन्हें हंस चेतनावाले यानी मोती और कंकर को स्पष्ट रूप से जाननेवाले भी कहते हैं। वे तमोगुण, रजोगुण, सत्वगुण से परे गुणातीत अवस्था में रहते हैं।

इस तरह हमने चार प्रकार के स्वभाव जानें। आइए, अब जानते हैं कि वह किशोर हाथी कैसा था। वह अपने बड़ों से कुछ सवाल पूछता रहता था। जैसे- 'बाकी जानवरों के कान इतने बड़े नहीं हैं, फिर हमारे कान इतने बड़े क्यों हैं?' सवाल सुनकर सब हँसते थे मगर उस हाथी के मन में विचार आता था कि 'हमारे कान बड़े हैं यानी हमारी ज़िम्मेदारी बड़ी है। श्रवण करने की, दूसरों के दुःख सुनने की।'

ऐसे में हमें भी मनन करना चाहिए कि हमें जो भिन्न-भिन्न अंग मिले हैं, उनका क्या-क्या उच्चतम उपयोग हो सकता है? फिर उसके अनुसार ज़िम्मेदारी लेनी चाहिए। इंसान जितना ज़्यादा आज़ाद होता है, उतनी बड़ी ज़िम्मेदारी लेता है। क्या आप आज़ाद हैं? कहीं आपने आज़ाद होने का अर्थ मनमानी करना, मन मुताबिक चीज़ें पाना, जो मर्जी में आए वह खाना, ऐसा तो नहीं समझा है?

आज़ादी का यह अर्थ नहीं है। आज़ाद होना यानी स्वतंत्र होना, 'स्व' का तंत्र (स्वअनुभव) पाना है, जो सोच में नहीं आ सकता है। यदि सोच में लाया गया तो वह आंशिक सत्य होगा। स्व का पूर्ण अनुभव, ध्यान की समझ द्वारा स्वअनुभव से ही किया जाता है।

बहरहाल किशोर हाथी सिर्फ सवाल नहीं पूछता था बल्कि मनन भी करता था। उसके और भी कुछ सवाल थे- 'ईश्वर ने मुझे चौड़ा माथा क्यों दिया होगा? इस लंबी सूँड का और क्या-क्या उपयोग हो सकता है?' आदि।

बच्चों के भी कई सवाल होते हैं परंतु माता-पिता, शिक्षक तथा बड़े कई बार उनके प्रश्नों को इस कदर नज़रअंदाज़ करते हैं कि बच्चे सवाल पूछना ही बंद कर देते हैं। असल में बच्चों को ट्रेनिंग मिलनी चाहिए कि वे किस तरह से सोचें और मनन करें।

उस हाथी की तो खुद-ब-खुद ट्रेनिंग चल रही थी क्योंकि भले ही बाकी हाथी उस पर हँसते रहते लेकिन वह मनन करता रहता था। फिर उसे सवाल आया, 'मैं

कौन हूँ?' तब वह और ज़्यादा शांत हो गया क्योंकि वह बड़ी गहराई में सोचता था, 'मैं कौन हूँ और मेरे इस जंगल में होने का क्या उपयोग है? हमें किसलिए बनाया गया है? हम यहाँ कैसे आ गए?' इत्यादि। फिर वह अपने महावत (देव) को याद करता क्योंकि उसने बड़ों से सुन रखा था, 'जैसे इंसानों का भगवान महादेव हैं, वैसे हाथी का भगवान महावत है।'

वह सोचता, 'महावत देव ने हमारा शरीर इतना मोटा क्यों बनाया है?' तब उसे अंदर से ही जवाब मिलने लगे, 'मेरा माथा चौड़ा होने के कारण मुझे सब याद रहता है। छोटी से छोटी घटना भी मुझे याद रहती है।' वह बाकी लोगों को बताता कि 'मुझे मेरे पैदा होने का अनुभव भी याद है। इतना ही नहीं, मुझे यह भी धुँधला-धुँधला दिखता है कि मैं जब मर जाऊँगा तो क्या होगा। मैं मर जाऊँगा, फिर भी ज़िंदा रहूँगा।' असल में इंसान के साथ भी ठीक यही होता है। परंतु क्या उसे इसका खयाल आता है?

मानव जीवन का अंतिम लक्ष्य (कुल-मूल-लक्ष्य) याद आने के लिए अपनी बुद्धि का उपयोग करना आवश्यक है। सही सिमरन होना ज़रूरी है। मनन की गहराई में जाने से सब याद आता है। जैसे उस हाथी को भी याद आया कि उसकी सूँड इतनी बड़ी है कि वह किसी भी विषय की गहराई में जा सकता है। मगर इंसान थोड़ा सोचता है तो थक जाता है और कहता है, 'छोड़ो उस टॉपिक को।' जबकि वह किशोर हाथी किसी भी टॉपिक की गहराई में जाता था, 'ऐसा क्यों है? ऐसा क्यों नहीं?' इस तरह वह मनन करता रहता। इसे ही 'आउट ऑफ बॉक्स' सोच कहते हैं। बॉक्स के बाहर यानी कुछ निराला सोचने की क्षमता। छोटे में भी बड़ा देखने की कला।

हाथी की आँखें बहुत छोटी-छोटी होती हैं इसलिए वह सोचता है, 'ये फोकस्ड (ध्यान पर एकाग्रत) आँखें हैं।' अत: वह किसी भी टॉपिक की गहराई में जाकर एकाग्रता से काम करता था।

उसका और एक विशेष गुण था, उसकी आँखों में ज़्यादा तेज होने के कारण जब भी वह सूखी घास को निहारता तब वहाँ आग लग जाती थी। लोगों को आश्चर्य होता था! आप समझ सकते हैं, किसी बात पर शक्ति केंद्रित करने की ताकत कितनी हो सकती है। जो अंतर्मुखी होते हैं, वे अदृश्य नियमों तथा शक्तियों को समझते हैं। इसलिए वे अपना चुनाव होश में रहकर करते हैं। जैसे वह किशोर हाथी करता था।

जब हाथियों की पार्टी होती तब बाकी बहुत कुछ खाते मगर वह सिर्फ नारियल पानी पीता। अन्य समय में आवश्यकतानुसार सात्विक भोजन करता परंतु

पार्टी के समय बाहर का चटपटा, तला हुआ, मसालेदार खाना पूरी तरह से वर्जित करता। किसी के बीमार रहने पर वह दिल से सेवा करता और किसी की मृत्यु हुई तो मृत शरीर के सामने शांत बैठा रहता। दूसरे जब उसे हिलाते तब कहता, 'कृपया मुझे थोड़ा वक्त अकेला छोड़ दो' क्योंकि उसके अंतर्मन में महत्वपूर्ण सवाल उठता, जिसे ग्रेटेस्ट क्वेशन कहते हैं। जैसे खुद की ही मृत्यु हुई ऐसे मानकर वह मन ही मन, 'मैं कौन हूँ?' की पूछताछ करता था।

एक दिन इस अनोखे हाथी के साथ बहुत बड़ी घटना हुई। हुआ यूँ कि बहुत ज़ोरदार बारिश हुई। गर्जना के साथ बिजली चमकी। ऐसी घनघोर बारिश देखकर सारे डर गए। उसी वक्त एक त्रिशूल आकर उस किशोर हाथी की गर्दन काटकर ले गया। यह देख सभी हाथी दुःखी हुए। उनमें से कुछ कहने लगे, 'यह बहुत गलत हुआ। महावत देव गलत है।' ऐसा मानकर वे नास्तिक हो गए और कुछ नाराज़ हुए, कुदरत को कोसने लगे। ऐसे ही समय बीतता गया।

अचानक एक दिन सभी हाथियों को निमंत्रण मिला। किसी पहाड़ी पर महावतों का मेला लगनेवाला था, उसका विशेष बुलावा था। वैसे तो हाथी मनुष्यों के मेलों में जाना पसंद नहीं करते थे मगर किशोर हाथी को उसमें रुचि हुआ करती थी। इसलिए सभी कहते हैं, 'अब किशोर हाथी तो नहीं रहा, हम जाकर देखते हैं।' जब सब मेले में पहुँचें तो आश्चर्यचकित हो गए। वहाँ सारे देवता, यक्ष, गंधर्व आए हुए थे और सिंहासन पर जिसकी पूजा हो रही थी, वहाँ उनका साथी (किशोर हाथी) विराजमान था। बाजू में एक योगी खड़ा था, जिसके हाथ में त्रिशूल था। वही योगी जो बरसात में आसमान से आकर साथी की गर्दन काटकर ले गया था।

पूजा में घोषित किया गया कि अब से 'श्री' का नाम सबसे पहले लेना है यानी वह श्रीगणेश का शीश बन चुका था। मेले में सभी महावत तालियाँ बजा रहे थे और हाथी आश्चर्य में खड़े थे कि 'यह क्या हुआ! हमारा साथी वहाँ बैठा है, जिसका धड़ इंसान का है और उसकी पूजा हो रही है।'

पूजा समाप्त होने के बाद श्री उठकर पहले सभी हाथियों से गले मिलकर उनकी खैरियत पूछता है। सभी आश्चर्य में डूब जाते हैं और श्री खुशी से कहता है, 'मुझे मेरे सभी सवालों के जवाब मिल गए। साथ ही उन सभी छोटे-मोटे सवालों के जवाब भी मिल गए, जो मैं जानने के लिए उत्सुक नहीं था। जैसे मुझे चूहा क्यों पसंद है? मेरा सबसे महत्वपूर्ण सवाल था कि 'मैं कौन हूँ और मेरे जीवन का उद्देश्य क्या है? मुझे क्या करना है? अब मुझे सब समझ में आ गया है।' क्या आपको कुछ समझा?

इंसान के साथ भी गणेश स्थापना में यह सब याद करने से गहरा मनन होता है। फिर दसवें दिन आकार का समर्पण मतलब अपने अहंकार का समर्पण करना होता

है, वह भी असली समझ के साथ। हर साल श्रीगणेश आपको याद दिलाने के लिए आते हैं कि 'जीवन में घटनाएँ तो आती-जाती रहेंगी, प्रार्थनाओं की पूर्ति तो चलती रहेगी मगर मुख्य सवाल है, 'मैं कौन हूँ?' जिस पर मनन करके मुझे पता चला कि मैं ईश्वर हूँ। मैं श्री हूँ, मैं श्रीगणेश हूँ।' इस आत्मसाक्षात्कार की पूर्व तैयारी के लिए अन्य घटनाएँ निमित्त बनती हैं।

इस तरह गणपति हमें बता रहे हैं कि ज़्यादा श्रवण, गहरा मनन, फोकस्ड कार्य करो, माथे का सही इस्तेमाल करो। क्योंकि जीवन का सत्य हमेशा हमारी छोटी सोच से बड़ा होता है।

तात्पर्य : हर सोच से बड़े अंतिम सत्य को प्राप्त करने की ताकत इंसान में है। बशर्ते उसे अपने माथे का सही इस्तेमाल करके गहरा मंथन करना है, खास करके 'मैं कौन हूँ' इस सवाल के साथ।

जब हम किसी को अपना साथी मानते हैं तब हम उसमें भेदभाव और दूरी को कम करते हैं और सभी को समान रूप से देख पाते हैं।

जीवन में सच्ची आज़ादी और सत्य को जानने के लिए हमें खुद को जानने की प्रक्रिया से गुज़रना पड़ता है। जिसमें हमें अपने अहंकार का समर्पण करके, अपने भीतर की दिव्यता को जानना होता है।

अपना मत दर्शाएँ :

- क्या आप अपने दिमाग में आए सभी सवालों पर गहरा मंथन करते हैं?
- क्या आप अपने बच्चों से सवाल पूछने तथा विचार मंथन करने की कला सिखाते हैं?
- अपने जीवन के पाँच महत्वपूर्ण सवाल लिखें।
- 'मैं कौन हूँ?' इस सवाल पर मंथन करके पाँच पंक्तियाँ लिखें।
- 'मनुष्य देह मिलना किस तरह का मौका है' इस पर गहराई से मनन करें।
- इस पुस्तक के किन 5 जानवरों से आपने सबसे ज़्यादा ज्ञान पाया?

चालीसवाँ

शेरू की भक्ति, खंडहर को मंदिर बनाए

स्व की पहचान पाकर भक्ति जगाने का रहस्य

एक गाँव था, जहाँ एक कुशल मुखिया और प्रभावी पुजारी रहते थे। यह गाँव वहाँ के मंदिर के कारण प्रसिद्ध था। मुखिया और पुजारी में गहरी दोस्ती थी। गाँव में सब कुछ अच्छा चल रहा था। सभी लोग लीडर्स (मुखिया और पुजारी) द्वारा बनाई नई-नई योजनाओं से खुश थे। परंतु एक बार गाँव में अचानक सूखा पड़ा। तब गाँव के मुख्य लीडर्स ने आपस में चर्चा की कि आखिर इसका हल कैसे निकाला जाए? फिर लोगों को आवाहन किया गया कि वे रोज़ मंदिर में आकर प्रार्थनाएँ करें।

लोग रोज़ मंदिर में आकर पूजा-प्रार्थनाएँ करने लगे ताकि बारिश हो। बिना बारीश के लोग त्रस्त थे कि आखिर आगे का जीवन कैसे कटेगा? कभी-कभार किसी वजह से हवाओं का रूख बदल जाता है, जिससे कुछ इलाकों में बारिश नहीं होती। कुदरत की तरफ से भी कुछ ऐसी बातें आ जाती हैं, जिसके लिए कोई इंसान प्रत्यक्ष ज़िम्मेदार नहीं होता। हाँ ऐसा ज़रूर होता है कि कुछ इलाकों में लोग कुदरत द्वारा मिलनेवाली चीज़ों का दुरुपयोग करते हैं तो उसका असर पूरी पृथ्वी पर होता है। पृथ्वी संतुलन तो कर लेती है मगर कुछ-कुछ गाँवों में उसका दुष्परिणाम दिखाई देता है। ऐसा ही कुछ इस गाँव में भी हुआ था। फिर भी लोगों की प्रार्थनाएँ जारी थीं।

एक दिन मुखिया ने एक सपना देखा। सपने में भगवान ने बताया, 'गाँव में एक पुराना मंदिर है, जो अब खंडहर बन चुका है। लोगों ने वहाँ जाना कम या बंद कर दिया है। मगर उस मंदिर की चेतना को अभी भी एक भक्त के द्वारा ज़िंदा रखा गया है। तुम उस मंदिर में जाओ और मंदिर का पुनरुत्थान करो।'

सुबह-सुबह मुखिया यह सोचकर चौंक गया कि 'मैंने यह कैसा सपना देखा!' लेकिन उसने उस बात पर ज़्यादा विचार नहीं किया।

कुछ दिनों बाद मुखिया को फिर से वही सपना आया क्योंकि लोगों की प्रार्थनाएँ जारी थीं। सभी लोग जब एक-दूसरे के विचारों से जुड़े होते हैं तो सेल्फ का एक विचार भी चमत्कर कर सकता है। इस बार मुखिया ने सोचा, 'इस सपने में अवश्य ही कुछ तो बात है।' उसने यह बात पुजारी से साझा की क्योंकि मुखिया कुदरत का कानून जानता था। सृष्टि में सब कुछ आपस में जुड़ा है, दृश्य-अदृश्य दुनिया के जुड़ने से चमत्कार होते हैं, यह वह समझता था।

अतः मुखिया दोपहर में समय निकालकर उस मंदिर में गया। परंतु उसे वहाँ कुछ खास दिखाई नहीं दिया। सिर्फ खंडहर बना मंदिर मौजूद था। फिर भी मुखिया को वह सपना बार-बार आता रहा।

मुखिया ने जाकर पुजारी को बताया कि उसे वही सपना बार-बार आ रहा है। यह सुनकर पुजारी ने कहा, 'ज़रूर इसमें कोई संकेत छिपा है। पिछली बार तुम दोपहर में गए थे लेकिन अब हम सुबह ही जाएँगे।'

दूसरे दिन सुबह ही वे दोनों मंदिर पहुँच गए। उन्होंने चारों तरफ नज़र दौड़ाई लेकिन वहाँ उन्हें बस एक कुत्ता बैठा हुआ दिखाई दिया। उन्होंने मंदिर के आस-पास रहनेवाले लोगों से पूछा, 'यहाँ कौन आता है?'

लोगों ने बताया, 'और तो कोई नहीं बस यह शेरू (कुत्ता) आते रहता है। पुराने बूढ़े पुजारी जब मंदिर सँभालते थे, सुबह जब आरती होती थी तब यह कुत्ता आकर मंदिर के बाहर बैठता था। पुजारी गुज़र गए तो धीरे-धीरे लोगों का आना कम हुआ। किसी ने भी मंदिर के रख-रखाव पर ध्यान नहीं दिया इसलिए अब यह खंडहर बन चुका है। मगर शेरू आज भी कई घंटे मंदिर

में आकर बैठता है। यहाँ कभी-कभार ही लोग आते हैं इसलिए उसे ज़्यादा खाना नहीं मिलता, कमज़ोर सा हो गया है, फिर भी आता है हररोज़।' ये सब जानकर मुखिया और पुजारी वहाँ से लौट गए।

कुछ समय गुज़रने के बाद मुखिया को फिर से वही सपना आया। इस बार सपने में भगवान ने बताया, 'जिस भक्त के कारण आज तक उस मंदिर की चेतना ज़िंदा है, वह कोई और नहीं बल्कि शेरू है।'

सुबह उठकर मुखिया दौड़कर पुजारी के पास गया और सपने की बात कही कि 'जिसके लिए हमें मंदिर का पुनरुत्थान करना है, वह भक्त शेरू है।'

चूँकि दोनों को कुदरत का संकेत अब की बार बहुत स्पष्ट हुआ था। उन्होंने उस मंदिर के पुनरुत्थान का कार्य शुरू कर दिया और शेरू को हर दिन खाना भी खिलाया।

मंदिर का काम पूर्ण होने पर सभी गाँववालों को बुलाकर पूजा, आरती की गई। यह देखकर शेरू बहुत खुश हुआ। फिर जैसे ही लोग मंदिर से घर पहुँचे, गाँव में जोरों से बरसात हुई। बारिश देखकर सभी लोग प्रसन्न हुए कि आखिर यह चमत्कार कैसे हुआ! पुजारी भी गहरी सोच में डूब गया कि 'इस शेरू में ऐसा क्या था, जिसने इस मंदिर की चेतना को बरकरार रखा?'

इतने दिन भगवान की पूजा करके भी पुजारी जो नहीं समझ पाया था, वह शेरू ने समझा दिया। शेरू की शुद्धत्तम उपस्थिति से उभरती चेतना देखकर पुजारी दंग रह गया।

किसी मंदिर में जब कुछ लोग जाते हैं तब उनकी उपस्थिति ही मंदिर की चेतना को उठाती है। जिससे लोगों की चेतना बढ़ती है। उनकी चेतना से जो तरंग उठती है, वह मंदिर का उत्थान कर, अन्य लोगों की चेतना बढ़ाती है।

ईश्वर ने बार-बार सपने में आकर मुखिया को बताया कि 'तुम्हें एक भक्त के लिए मंदिर का पुनरुत्थान करना है।' इसका अर्थ ईश्वर, भक्त के लिए सोच रहा था। ईश्वर ने सपने में आकर मुखिया से यह नहीं कहा कि 'मेरे लिए मंदिर का पुनरुत्थान करो बल्कि अपने लिए ही करो।'

इस कहानी में कुछ संकेत छिपे हैं। यहाँ सबसे महत्वपूर्ण बात है, 'पहचान।' शेरू यानी भक्त और उसकी शुद्ध उपस्थिति है भक्ति की पहचान। शेरू रोज़ आ रहा था मगर उसकी भक्तिपूर्ण उपस्थिति की पहचान किसे थी? लोगों को तो वह

महज एक कुत्ता लग रहा था। मगर वह शेर था या भक्त, इसे तो केवल ईश्वर ने ही जाना था।

यदि किसी को शेरू शेर भी लगा तो कौन सा? सर्कस का, जंगल का या फिर शेरावाली माता का? क्योंकि भक्त और भक्ति की पहचान पाने के लिए खुद की पहचान होना आवश्यक है।

आप खुद को क्या मानते हैं? यदि शरीर मानते हैं तो बाकी सभी शरीर ही दिखेंगे। खुद को व्यक्ति मानने से शरीर खंडहर बन जाता है। मगर खुद को चेतना मानते ही वही शरीर मंदिर बन जाता है। यहाँ मानना नहीं, जानना है, 'मैं कौन हूँ?' सवाल पूछकर खुद की पहचान पानी है ताकि भक्त कौन और भक्ति किसकी हो रही है, का भी जवाब मिले यानी शेरू की असली पहचान हो पाए।

यहाँ शेरू का 'श' है 'श्रवण' सत्य श्रवण और 'रू' है 'रूहानी ध्यान।'

यदि सच में शेरू को जानना चाहते हैं तो सत्यश्रवण और रूहानी ध्यान जारी रखें। श्रवण से समझ बढ़ती है और ध्यान से स्वअनुभव होता है। रूहानी ध्यान में अनुभवकर्ता, अनुभव कर्ता का अनुभव में अनुभव करता है। जहाँ व्यक्ति (अहंकार) मिटकर, सिर्फ ज़िंदा होने का एहसास शेष रहता है। यही सही और शुद्धतम उपस्थिति है। जहाँ परमात्मा से मिलन और परमचेतना का आकलन अनुभव में होता है।

क्या आपको भी यह अनुभव करना है? यदि हाँ तो सबसे पहले अपने शरीर रूपी खंडहर को मंदिर बनाएँ। कैसे? आइए, जानें।

यहाँ पर मुख्य सात बातें बताई गई हैं, जो आपकी सही पहचान को, झूठी शान में तबदिल करती हैं। इन पर गहराई से मनन कर, इनसे मुक्त हो जाएँ।

१) गलत आदतें और व्यसन : व्यसन, आदत का ही विस्तारित रूप है। फिर चाहे वह आदत शराब पीने की हो या जरूरत से ज्यादा चाय, कॉफी पीने की। आदतों को तोड़ते समय ऐसे लग सकता है कि 'अब यह खंडहर मुझ पर ही गिर जाएगा।' मगर श्रद्धा और विश्वास से डटे रहना है। अंदर चाहे जैसी भी हालत हो, शरीर को मंदिर बनाने के लिए दृढ़ता पूर्वक कार्य करते रहना है।

२) मोबाइल : इसे आज-कल का सर्वसाधारण विषय समझकर नज़रअंदाज़ न करें। इसका ज़रूरत से ज़्यादा और गलत इस्तेमाल करने पर परिणाम तुरंत नहीं दिखता मगर जो दूरदृष्टि रखते हैं, वे समय रहते सजग हो जाते हैं। अतः जितना हो सकें, उतना इसे दूर रखें ताकि भविष्य में आपको पछताना न पड़े कि 'काश! हमारे माता-पिता ने हमें इसके दूरगामी दुष्परिणामों की जानकारी दी होती।'

३) गलत संघ : गलत संघ के कारण वृत्तियाँ टिकती हैं इसलिए सही संघ में रहें। ऐसा संघ जो आपको सत्य की याद दिलाए, आपमें भक्ति की तरंग जगाए ताकि शरीर धीरे-धीरे शुद्ध और खाली हो जाए। वरना यही पृथ्वी पर अटके रहना पड़ेगा। इसलिए हमेशा लाईट (सही) संघ चुनें ताकि आप हलके (शुद्ध) भी रहें और आपको प्रकाश (सत्य) भी मिले।

४) आराम सीमा : किसी काम को कल करते हैं, कहकर सुस्ताना नहीं है। अपनी आराम सीमा पर काम कर, शरीर को सक्रिय रखकर, उसे मंदिर बनाना है।

५) खाने की गलत आदतें : हर शरीर में वात, पित्त, कफ की मात्रा अलग-अलग होती है। इसलिए अपने शरीर की प्रकृति समझकर, पोषक अन्नपदार्थों का सेवन करें ताकि खाना दवाई का काम करे और शरीर पूर्ण स्वस्थ रहे।

६) सीमित सोच : अपनी सोच का दायरा बढ़ाना आवश्यक है। वरना 'यह खाने से ऐसा हुआ, इस मौसम में ऐसा होता है, उसके कारण यह हुआ...' आदि पुरानी मान्यताएँ इंसान को रोक लेती हैं। आगे बढ़ने के लिए तर्कबुद्धि के पारवाली सोच पर कार्य करें। सत्य श्रवण में आई अतार्किक लगनेवाली बातों पर फिर-फिर से मनन करें।

७) जजमेंट की आदत और नया दृष्टिकोण : अकसर इंसान के जीवन में ऐसा होता है कि जब उसके आस-पास कुछ होता है, कोई कुछ कहता है, कोई निर्णय लेता है या कोई परिस्थिति सामने आती है तो उसका मन तुरंत अच्छा-बुरा, सही-गलत कहकर जज (मूल्यांकन) करना शुरू कर देता है।

यह आदत इतनी पुरानी और गहरी हो चुकी है कि वह हर बात पर कोई न कोई लेबल लगाता है। लेकिन ज़रा सोचिए, अगर इंसान हर बात को अपने पुराने नज़रिए और मान्यताओं के चश्मे से ही देखेगा तो नया दृष्टिकोण कैसे आएगा? मन और शरीर की शुद्धि कैसे होगी? ऐसे में ज़रूरी है कि जब सामनेवाला कोई बात कहे तो उस पर तुरंत ठप्पा (लेबल) न लगाएँ। अगर वह बात उस समय समझ में न आए तो उसे थोड़ी देर के लिए मस्तिष्क की पार्किंग में यानी बाजू में रख दें। समय आने पर वह बात अपने आप स्पष्ट हो जाएगी। इससे हमारी ऊर्जा भी बचेगी और मन भी शांत रहेगा। हर बात को खुले दिल से स्वीकारने के लिए हम सदैव तैयार रहेंगे।

इस अध्याय में दी गई कहानी पर पुनः पुनः मनन करें- खंडहर, मंदिर, शेरू, सपना, मुखिया, पुजारी... कौन हैं, उनसे मिले सबक पर अमल कर, कहानी का सार ग्रहण करें ताकि शरीर रूपी मंदिर का पुनरुत्थान होने में मदद मिले।

आइए, अब फिर से कहानी की ओर मुड़ते हैं। क्या आप यह जानने के लिए उत्सुक हैं कि अंत में शेरू का क्या हुआ? अंत में मुखिया, शेरू और पुजारी इस नए मंदिर में बैठकर भगवान की तरफ देखकर प्रार्थना कर रहे थे, 'कृपया सब पर कृपा करो।'

फिर मुखिया ने एक आखिरी सपना देखा। अब की बार उसके सपने में शेरू आया। उसने शेरू से पूछा, 'तुम मंदिर में आकर रोज़ ऐसा क्या करते थे कि मंदिर की चेतना बरकरार रहती थी?' शेरू ने बताया, 'कुछ बातें सपने में ही बताई जा सकती हैं। सुनो मैं वहाँ बैठकर यही पंक्ति दोहराता था- सबका मंगल हो, तेजमंगल हो...! अब तुम भी यही प्रार्थना दोहराकर पृथ्वी की चेतना बढ़ाने में सबकी मदद करो।

तात्पर्य : इंसान को मिला शरीर एक ऐसा अनमोल तोहफा है, जिसे सही तरीके से सँभालकर, मंदिर बनाना उसकी ज़िम्मेदारी है। ताकि उसके अंदर भक्ति जगे और टिकी रहे वरना वह शरीर खंडहर बन सकता है। कुदरत का हर दृश्य अथवा अदृश्य संकेत समझकर अपने मंदिर का पुनरुत्थान करें ताकि सृष्टि में बारिश और बहार आ जाए।

अपना मत दर्शाएँ :

- क्या आप रोज़ 'मैं कौन हूँ' का अभ्यास करके खुद की पहचान बढ़ाते हैं?
- आज की तारीख में पुनरुत्थान का कार्य कितना हुआ है यानी आपका शरीर कितनी मात्रा में मंदिर बना है?
- शेरू किस बल पर डटा रहा यानी मंदिर में जाता रहा, इस पर मनन कर पाँच पंक्तियाँ लिखें।
- कहानी में बताए हुए सात बिंदुओं पर कार्य करने का संकल्प लिखित में करें ताकि आसक्ति, भक्ति में रूपांतरित होना शुरू हो जाए।
- क्या आपको गुरु अथवा भगवान की योजना तथा निर्णय पर विश्वास है? 'नहीं' तो उस पर मनन करें और 'हाँ' तो विश्वास को लिखित में प्रकट करें।

सरश्री - अल्प परिचय

स्वीकार मुद्रा

सरश्री की आध्यात्मिक खोज का सफर उनके बचपन से प्रारंभ हो गया था। इस खोज के दौरान उन्होंने अनेक प्रकार की पुस्तकों का अध्ययन किया। अपने आध्यात्मिक अनुसंधान के दौरान उन्होंने लगभग सभी ध्यान पद्धतियों का भी अभ्यास किया। उनकी इसी खोज ने उन्हें कई वैचारिक और शैक्षणिक संस्थानों की ओर बढ़ाया। जीवन का रहस्य समझने के लिए उन्होंने **एक लंबी अवधि तक मनन करते हुए अपनी खोज जारी रखी, जिसके अंत में उन्हें आत्मबोध प्राप्त हुआ। आत्मसाक्षात्कार के बाद उन्होंने जाना कि अध्यात्म का हर मार्ग जिस कड़ी से जुड़ा है वह है– समझ (अंडरस्टैण्डिंग)।** उसके बाद उन्होंने अपने तत्कालीन अध्यापन कार्य को विराम लगाते हुए, लगभग दो दशकों से भी अधिक समय अपना समस्त जीवन मानवजाति के कल्याण और उसके आध्यात्मिक विकास हेतु अर्पण किया है।

सरश्री कहते हैं, 'सत्य के सभी मार्गों की शुरुआत अलग-अलग प्रकार से होती है लेकिन सभी के अंत में एक ही समझ प्राप्त होती है। **'समझ' ही सब कुछ है और यह 'समझ' अपने आपमें पूर्ण है।** आध्यात्मिक ज्ञान प्राप्ति के लिए इस 'समझ' का श्रवण ही पर्याप्त है।' इसी समझ को उजागर करने के लिए उन्होंने आज तक **चार हज़ार से अधिक आध्यात्मिक विषयों पर प्रवचन दिए हैं,** जिनके द्वारा वे अध्यात्म की गहरी संकल्पनाएँ सीधे और व्यावहारिक रूप में समझाते हैं। समाज के हर स्तर का इंसान सरश्री द्वारा बताई जा रही समझ का लाभ ले सकता है, इसके लिए किसी भी धर्म, जाति, उपजाति, वर्ण, पंथ, रंग या लिंग का बंधन नहीं है। विश्व के हर कोने में बसे लोग आज तेजज्ञान का लाभ ले रहे हैं। इस व्यवस्था के एक हिस्से के रूप में लाखों लोग रोज़ सुबह और रात को ९ बजकर ९ मिनट पर विश्व शांति के लिए प्रार्थना करते हैं।

सरश्री – अल्प परिचय

सरश्री तेजज्ञान यूट्यूब चैनल

तेजज्ञान फाउण्डेशन - परिचय

तेजज्ञान फाउण्डेशन आत्मविकास से आत्मसाक्षात्कार प्राप्त करने का एक रास्ता है। इसके लिए सरश्री द्वारा एक अनूठी बोध पद्धति (System for Wisdom) का सृजन हुआ है। इस पद्धति को अन्तर्राष्ट्रीय मानक ISO 9001:2015 के आवश्यकताओं एवं निर्देशों के अनुरूप ढालकर सरल, व्यावहारिक एवं प्रभावी बनाया गया है।

इस संस्था की बोध पद्धति के विभिन्न पहलुओं (शिक्षण, निरीक्षण व गुणवत्ता) को स्वतंत्र गुणवत्ता परीक्षकों (Quality Auditors) द्वारा क्रमबद्ध तरीके से जाँचा गया। जिसके बाद इन पहलुओं को ISO 9001:2015 के अनुरूप पाकर, इस बोध पद्धति को प्रमाणित किया गया है।

फाउण्डेशन का लक्ष्य आपको नकारात्मक विचार से सकारात्मक विचार की ओर बढ़ाना है। सकारात्मक विचार से शुभ विचार यानी हॅपी थॉट्स (विधायक आनंदपूर्ण विचार) और शुभ विचार से निर्विचार की ओर बढ़ा जा सकता है। निर्विचार से ही आत्मसाक्षात्कार संभव है। शुभ विचार (Happy Thoughts) यानी यह विचार कि 'मैं हर विचार से मुक्त हो जाऊँ।' शुभ इच्छा यानी यह इच्छा कि 'मैं हर इच्छा से मुक्त हो जाऊँ।'

यदि आप ऐसा ज्ञान चाहते हैं, जो सामान्य ज्ञान के परे हो, जो हर समस्या का समाधान हो, जो सभी मान्यताओं से आपको मुक्त करे, जो आपको ईश्वर का साक्षात्कार कराए, जो आपको सत्य पर स्थापित करे तो समय आ गया है तेजज्ञान को जानने का। समय आ गया है शब्दोंवाले सामान्य ज्ञान से उठकर तेजज्ञान का अनुभव करने का।

तेजज्ञान फाउण्डेशन - परिचय

हॅपी थॉट्स तेजज्ञान यूटयूब चैनल

महाआसमानी - अल्प परिचय

Self Delelopment to Self Realization
Towords Self Stabilizaion

क्या आपको उच्चतम आनंद पाने की इच्छा है? ऐसा आनंद, जो किसी कारण पर निर्भर नहीं है, जिसमें समय के साथ केवल बढ़ोतरी ही होती है? क्या आप इसी जीवन में प्रेम, विश्वास, शांति, समृद्धि और परमसंतुष्टि पाना चाहते हैं? क्या आप शारीरिक, मानसिक, सामाजिक, आर्थिक और आध्यात्मिक इन सभी स्तरों पर सफलता हासिल करना चाहते हैं? क्या आप 'मैं कौन हूँ' इस सवाल का जवाब अनुभव से जानना चाहते हैं?

यदि आपके अंदर इन सवालों के जवाब जानने और 'अंतिम सत्य' पाने की प्यास जगी है तो तेजज्ञान फाउण्डेशन द्वारा आयोजित 'महाआसमानी परम ज्ञान शिविर' में आपका स्वागत है। यह शिविर पूर्णतः सरश्री की शिक्षाओं पर आधारित है।

महाआसमानी परम ज्ञान शिविर का उद्देश्य :

इस शिविर का उद्देश्य है, विश्व का हर इंसान 'मैं कौन हूँ' इस सवाल का जवाब जानकर सर्वोच्च आनंद में स्थापित हो जाए। उसे ऐसा ज्ञान मिले, जिससे वह हर पल वर्तमान में जीने की कला प्राप्त करे। भूतकाल का बोझ और भविष्य की चिंता इन दोनों से मुक्त हो जाए। हर इंसान को जीवन में स्थाई खुशी और सही समझ मिले। साथ ही उसे समस्याओं को विलीन करने की कला आ जाए। मनुष्य जीवन का उद्देश्य पूर्ण हो। 'मैं कौन हूँ? मैं यहाँ क्यों हूँ? मोक्ष का अर्थ क्या है? क्या इसी जन्म में मोक्ष प्राप्ति संभव है?' यदि ये सवाल आपके अंदर हैं तो महाआसमानी परम ज्ञान शिविर इसका जवाब है।

महाआसमानी– अल्प परिचय

हैपी थॉट्स सरश्री
(इंग्लिश) यूट्यूब चैनल

तेजज्ञान फाउण्डेशन - मुख्य शाखाएँ

पुणे (रजिस्टर्ड ऑफिस) – विक्रांत कॉम्प्लेक्स, तपोवन मंदिर के नज़दीक, पिंपरी, पुणे-४११ ०१७. फोन : 020-27411240, 27412576

मनन आश्रम – सर्वे नं. ४३, सनस नगर, नांदोशी गाँव, किरकटवाडी फाटा, तहसील- हवेली, जिला- पुणे - ४११ ०२४. फोन : 09921008060

- विश्व शांति प्रार्थना -

'पृथ्वी पर सफेद रोशनी (दिव्य शक्ति) आ रही है।
पृथ्वी से सुनहरी रोशनी (चेतना) उभर रही है।
विश्व से सारी नकारात्मकता दूर हो रही है।
सभी प्रेम, आनंद और शांति के लिए
खुल रहे हैं, खिल रहे हैं।'

यह 'सामूहिक अव्यक्तिगत प्रार्थना' तेजज्ञान फाउण्डेशन के सदस्य पिछले कई सालों से निरंतरता से कर रहे हैं। खुश लोग यह प्रार्थना कर सकते हैं और बीमार, दुःखी लोग उस वक्त एक जगह बैठकर इस प्रार्थना को ग्रहण कर स्वास्थ्य लाभ पा सकते हैं।

यदि इस वक्त आप परेशान या बीमार हैं तो रोज़ सुबह या रात 9:09 को केवल ग्रहणशील होकर इस भाव से बैठें कि 'स्वास्थ्य और शांति की सफेद रोशनी जो इस वक्त प्रार्थना में बैठे कई लोगों द्वारा नीचे पृथ्वी पर उतर रही है, वह मुझमें भी अपना कार्य कर रही है। मैं स्वस्थ और शांत हो रहा हूँ।' कुछ देर इस भाव में रहकर आप सबको धन्यवाद देकर उठें।

*** नम्र निवेदन ***

विश्व शांति के लिए लाखों लोग हर दिन सुबह और रात ९ बजकर ९ मिनट पर ऊपर दी गई प्रार्थना करते हैं। साथ ही भारतीय समय अनुसार हर दिन सुबह ६.१५, दोपहर ३.३० और रात ९.०० बजे भी यूटयूब के ज़रिए 'ध्यान प्रार्थना बीज' प्रसारित होती है। कृपया आप भी इनमें शामिल हो जाएँ।

हॅपी थॉट्स परम ज्ञान यूट्यूब चैनल

पुस्तक पढ़ने के बाद आप अपने अभिप्राय इस ई-मेल आय डी पर पोस्ट करें - books.feedback@tejgyan.org

www.ingramcontent.com/pod-product-compliance
Lightning Source LLC
LaVergne TN
LVHW041712070526
838199LV00045B/1304